大人の教養
数え方と単位
の豆知識

枚	串	基	匹
足	両	羽	頭
幕	着	軒	台
本	個	玉	粒
派	丁	点	冊
挺	葉	柱	鉢

V	ha	Hz	bit
mb	gal	Ω	匁
m²	M	dB	Sv
cm	kg	hPa	dL
坪	dpi	yd	lb
cc	J	℃	mm

造事務所編

JN200563

メディアパル

お試しクイズ これ、どうやって数える？

ライオン ☐　　コアラ ☐　　カメレオン ☐

ダチョウ ☐　　カンガルー ☐　　フラミンゴ ☐

ゾウ ☐　　ヘビ ☐　　キリン ☐

下の絵にある生き物や建造物は、どうやって数えるでしょうか。「匹」「頭」「軒」「棟」？　□の中にあてはまる漢字1文字を入れてみましょう。

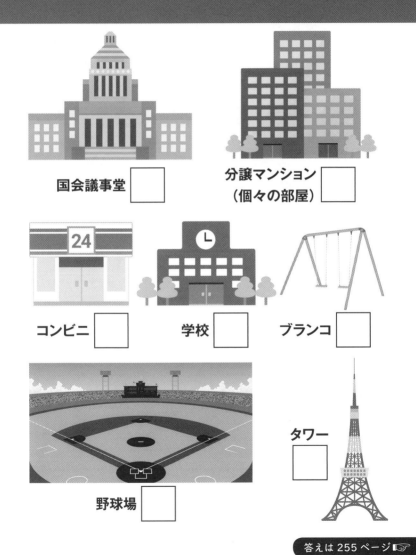

国会議事堂 □

分譲マンション □
（個々の部屋）

コンビニ □

学校 □

ブランコ □

タワー □

野球場 □

答えは255ページ

もくじ

これ、 どうやって
数えますか？ 002

Part.1 正しく使いたい「数え方」

生き物（ペット） 012

生き物（動物園） 014

生き物（水中生物） 016

生き物（鳥） 018

生き物（魚） 020

生き物（虫） 022

自然現象 024

自然（山など） 026

桜の花から見る数え方の変化 028

植物（花の形態） 030

植物（樹木） 032

乗り物（運転するもの） 034

乗り物（交通機関） 036

建物（家やマンション）····················· 038

建物（巨大な構造物）························· 040

建造物の中の乗り物························· 042

街中にある構造物··························· 044

家具（収納）································· 046

家具（机や椅子）··························· 048

家電（動かせないもの含む）················· 050

食器······································· 052

道具（家事の道具）························· 054

文具や学校にあるもの····················· 056

楽器······································· 058

身につけるもの（普段着）··················· 060

身につけるもの（ちゃんとした服）············· 062

身につけるもの（服に付随するもの）··········· 064

身につけるもの（アクセサリー）··············· 066

身につけるもの（履物）····················· 068

食べ物（料理店の盛りつけ）················· 070

食べ物（穀物）····························· 072

食べ物（野菜）····························· 074

食べ物（肉） ……………………………………… 076

食べ物（魚介類） ………………………………… 078

マグロから見る数え方の変化 ………………… 080

食べ物（調味料） ………………………………… 082

昆布から見る数え方の変化 …………………… 084

食べ物（和菓子＆洋菓子） ……………………… 086

飲み物 ……………………………………………… 088

水から見る数え方の変化 ……………………… 090

趣味（演劇・舞台） ……………………………… 092

趣味（映画） ……………………………………… 094

趣味（本・漫画） ………………………………… 096

スポーツ競技（陸上） …………………………… 098

スポーツ競技（野球） …………………………… 100

スポーツ競技（サッカー） ……………………… 102

スポーツ競技（海のスポーツ） ………………… 104

スポーツ競技（相撲） …………………………… 106

集団 ………………………………………………… 108

世界のマイナーな単位❶　長さ① ………………………… 110

もくじ

Part. 2 世の中に存在するものには単位がある！

単位のはじまりは人の体から ……………………… 112

大文字・小文字・斜体……単位の表記の秘密 ……… 114

国際単位系ってなんだ!? ………………………… 116

組立単位ってなんだ!? …………………………… 118

単位の接頭語 ……………………………………… 120

単位の漢字いろいろ ……………………………… 122

世界のマイナーな単位 ② これも単位? …………… 124

Part. 3 常識として知っておきたい単位

メートル ………………………………………… 126

ヤード …………………………………………… 130

マイルと海里 …………………………………… 132

尺と寸 …………………………………………… 134

丈と間と町と里 ………………………………… 136

光年	138
キログラム	142
ポンド	146
貫と匁	150
平方メートル	152
アールとヘクタール	156
エーカー	158
畳と坪	160
立方メートル	162
リットル	166
ガロン	168
バレル	170
石と斗と升と合	172
世界のマイナーな単位❸　面　積	176

もくじ

Part. 4 暮らしに欠かせない単位

秒と分と時間	178
日と週と月と年	180
キロメートル毎時	182
ノット	186
マッハ	188
カンデラ	190
ルーメンとルクス	194
等級	196
アンペア	200
ボルト	202
ワット	206
オーム	208
ヘルツ	210
デシベル	212
テスラ	216

世界のマイナーな単位④ 長さ② ……… 218

Part. 5 知っていると インテリ感が増す単位

カロリーとジュール ……………………………… 220

ヘクトパスカル …………………………………… 224

マグニチュード …………………………………… 226

震度 ………………………………………………… 228

ピーエッチ ………………………………………… 232

度 …………………………………………………… 236

ケルビン …………………………………………… 238

シーベルト ………………………………………… 240

ベクレル …………………………………………… 242

バイト ……………………………………………… 244

ビット ……………………………………………… 248

世界のマイナーな単位❺　糸の太さ ……………… 250

確認クイズ ………………………………………… 252

Part. 1

正しく使いたい
「数え方」

Part.1 正しく使いたい「教え方」

抱きかかえられたら「匹」

ペットは、成人が抱きかかえられる大きさのものは「匹」、抱きかかえられないものは「頭」で数えます。

猫は種類を問わず、成人が抱きかかえられる大きさ。そのため猫はすべて「匹」で数えます。

犬の場合、チワワなどの小型犬や柴犬などの中型犬は、抱きかかえられる大きさなので「匹」で数えます。一方、ドーベルマンなどの大型犬、グレートピレニーズなどの超大型犬は抱きかかえられないので「頭」で数えます。また、子犬は種類を問わず「匹」で数えます。

さらに深く知る数え方の話

うさぎが「羽」なのは、鳥が由来？

うさぎは成人が抱きかかえられる大きさなので、本来であれば「匹」で数えるところ。しかし不思議なことに明治時代の文献には、うさぎ1匹を「片耳」、2匹で「耳」と数えていた記録があります。

また、うさぎは「羽」で数えられることもあります。これには諸説あり、「うさぎの長い耳が鳥の羽のように見えた」「野山を駆けるうさぎの姿が空を飛ぶ鳥のように見えた」「うさぎの肉が鳥肉に似ているから」などといわれています。

生き物（動物園）

体の大きさだけでなく、パーツの有無にも注目

正しく使いたい「教え方」

Part. 1

📱 パンダやライオンの赤ちゃんは「匹」

　動物園の動物は、基本的に小さな動物は「匹」、大きな動物は「頭」で数えます。

　チンパンジーとゴリラは似ていますが、成人が抱きかかえられるチンパンジーは「匹」、ゴリラは「頭」で数えます。キリンやゾウの数え方も「頭」です。

　パンダやライオンは「頭」で数えますが、小さいときは「匹」で数えることもあります。

　なお、近年注目されている外来生物のワニガメは、「匹」か「頭」のいずれでも数えられています。

さらに深く知る数え方の話

ヒツジやシカは成長すると「蹄」

　ヒツジやシカは、小さいときは「匹」で数えますが、成長して大きくなると「頭」で数えるようになります。また、ヒツジやシカ、ロバなどには蹄があるので、「蹄」で数えることもあります。頭数が多くて数の把握が難しい場合は、「匹」で数えます。また、「群れ」や「群」で数えることもあります。

　クジャクは「羽」で数えるのが一般的ですが、羽を広げた姿が扇に見えることから、「面」とも数えます。

015

生き物 (水中生物)

水中で暮らしているか、食用かで変わる

Part. **1**

正しく使いたい「教え方」

🔢 イソギンチャクは「株」

タニシやヤドカリ、クラゲなど、水中で暮らす生物は、生きているうちは「匹」で数えます。タニシの場合は「個」「枚」で数えることもあります。

ナマコは食用になると「本」で数えるようになります。ヒトデは水揚げされることで数え方が「個」になります。

イソギンチャクは、浅海の岩石などに底面をつけて生息しているところから、「株」で数えることがあります。タツノオトシゴは竜にみたてて、「頭」で数えることもあります。

さらに深く知る数え方の話

海苔は「帖」プランクトンは「匹」

ひじきは「本」や「株」で数えますが、食用に袋入りで販売されるときは「袋」で数えます。

海苔は切り分けていないものは 10 枚で「帖」で数えますが、「枚」を用いることもあります。販売されるときに入っている容器に応じて「箱」「缶」「瓶」「袋」「パック」という数え方もあります。

水中に住むプランクトンであるミジンコは「匹」で数えますが、販売されるときの容器に合わせて「袋」や「パック」で数えます。

017

動物園でまとめて数えるなら「匹」

　生まれたばかりのヒナ鳥から成長した大きな鳥、飼われている鳥も野鳥も、鳥は羽が生えているので「羽」で数えます。この数え方はどのような鳥にも共通して使うことができます。

　動物園などで鳥と動物をまとめて数えるときには、「羽」ではなく「匹」を用いることもあります。

　オスとメスの鳥をひと組として数える場合は「番(つがい)」になります。また、獲物として鳥を数えるときには「隻(せき)」になります。

さらに深く知る数え方の話

空を飛べなくても鳥類は「羽」

　ペンギンやダチョウ、エミューは"飛べない鳥類"であり、水中を泳いだり、陸を走ったりするのが得意です。空を飛べなくても、彼らには羽が生えていることから、ほかの鳥たちと同じように「羽」で数えます。

　そうかと思えば、ペンギンとダチョウは鳥ではなく、動物として分類されることもあります。その場合は、ペンギンは体が小さいので「匹」、ダチョウやエミューは体が大きいので「頭」となります。

生き物（魚）

「水中」と「水揚げされてから」で数え方が変わる

細長いなら「本」平たいなら「枚」

　魚は水中で生きているときと水揚げされてからで数え方が異なります。

　サンマやアジ、サケ、イワナなど、海や川などの魚は、生きているときは共通して「匹」で数えます。

　しかし水揚げされて食用になると、ウナギやサンマ、タチウオなどの細長い魚は「本」、ヒラメやカレイなどの平面な形をした魚は「枚」で数えるようになります。そのほかの魚も、水揚げ後は「尾（び）」で数え、「匹」ではなくなります。

さらに深く知る数え方の話

アジの開きは「枚」かつお節は「本」

　調理の仕方によっても、数え方が変わります。

　アジは干物になると、「匹」から「枚」へ数え方が変わります。また、小さな魚を重ねて干したものは「連（れん）」で数えます。

　カツオを4つに切り分けたものは「節（ふし）」、節おろしやかつお節は「本」で数えます。

　ウナギは、腹開き背開きどちらでも開いて串刺ししたものは「串（くし）」、かば焼きになると「枚」で数えます。

生き物（虫）

昆虫学者は「匹」とは数えない

ダンゴムシは「玉(たま)」でもOK

　虫の数え方は、動物の数え方と同じ基準で考えます。昆虫は人間よりも小さいので、「匹」で数えるのが一般的です。幼虫も同じです。

　ハチや蜘蛛も「匹」で数えますが、ハチの巣は「個」、蜘蛛の巣は「枚」や「面」で数えます。また、ハチが刺した回数については「ひと刺し」と数えます。

　あまり歓迎されない虫という印象の強いゴキブリや蛾なども「匹」で数えます。ダンゴムシは「玉(たま)」で数えることもあります。

さらに深く知る数え方の話

昆虫学者は「匹」ではなく「頭」で数える

　トンボやチョウチョは羽がありますが、「羽」ではなく「匹」で数えます。昆虫がさなぎの状態のときは「個」で数えます。

　昆虫学者はチョウチョを「匹」ではなく、「頭」で数えますが、これは明治時代に発表された論文内の「heads」の訳が関係しているのではないかという説があります。昆虫学者はチョウチョのほかに、カブトムシやクワガタといった高価な昆虫、昆虫学的に希少な個体も「頭」で数えます。

自然現象

現象や目に見えた形状によって数え方が変わる

雷は複数あり

　雨が降る回数は、「ひと雨、ふた雨」と数えます。

　雨そのものは「粒」で数えることもありますが、雨が水滴となって葉から地面に落ちる自然の様子は「雫」や「滴」で数えます。

　虹は大気中の水滴に太陽光が屈折してできたもので、それが細長い光の集まりに見えるため「本」や「筋」と数えます。

　雷は閃光が筋に見えるところから「本」や「筋」で数え、落雷は落ちた衝撃から「撃」や「個」で数えます。

さらに深く知る数え方の話

雪は「片」飛行機雲は「筋」

　雪は、宙に舞う小さなものを指す「片」で数えます。台風は発生順に「〇号」と呼ばれ、上陸すると「個」で数えます。竜巻は形やその様を表す、「本」「筋」「回」「条」「陣」といった数え方をします。

　雲は形状によって、数え方が違います。入道雲は高い山に見立てた「座」、まとまった雲は「塊」で数えます。飛行機雲は細長さから、「筋」「本」で数えます。快晴の空にポツンと浮かぶ雲は、「1抹」「1点」などと数えます。

自然 (山など)

有名な登山地には複数の数え方がある

Part.
1

正しく使いたい「教え方」

📱 高い山は「座」

地理を説明する場合の山は「ひとつ、ふたつ」で数えますが、高い山は「座」で数えます。

また、登山地として有名な山を数えるときは「山」「峰」「岳」を使います。

連なった火山群は「峰」で数え、火が吹き出す火山口は「個」「口」、「ひとつ、ふたつ」で数えます。

登山にまつわる数え方も見ていきましょう。登山路の数え方は「ルート」。山頂までの距離の10分の1を「合」、100分の1を「勺」で数えます。

さらに深く知る数え方の話

山登りの道具は「本」山の乗り物は「基」

険しい山を登るときに使用するザイルやカラビナは「本」。登山の途中や山頂でご飯を作る、組み立て式の炊事道具コッヘルは「揃い」で数えます。

山の途中まで人や物を運ぶのに使用されているロープウェイは「基」、ゴンドラは「台」で数えます。

山に流れる小川は「筋」「条」「流れ」で数え、大きな川は「本」です。湖は「ひとつ」のほか、「湖」で数えることもあります。

027

桜の花から見る数え方の変化

　日本の国花として愛されている桜。それぞれの桜の木が、美しい花をつけるのを楽しみにしています。
　桜のつぼみは「1個、2個」と数えます。夏にできたつぼみは、秋に栄養を蓄えて冬を迎え、春の訪れを今か今かと待ちます。そして春になるとつぼみがふくらみ、春の暖かさとともに開花の時を迎え、ピンクのきれいな花が「1輪」また「1輪」と咲くのです。
　桜の木をよく見ると、数輪まとまっている花房が「ひ

Part.1 正しく使いたい「教え方」

と房、ふた房」と見られ、花房が付いている枝は「ひと枝、ふた枝」とあります。花びらは「1枚、2枚」。5枚で1輪の花になります。

桜の花がたくさん付いて無数の雲のかたまりのように咲いている様子は「万朶乃花(ばんだのはな)」と表します。

桜は満開の時期を過ぎ、花びらは散って風に舞います。そうして落ちた「1片(ひら)」の花びらで、押し花を作るのも春を感じる遊びのひとつです。

さらに深く知る数え方の話

桜にまつわるスイーツの数え方

もち米を使ったピンクのあんもちを塩漬けの桜の葉で包んだお菓子、桜もち(道明寺もち)は「個」と数えます。

桜もちに添えられている桜の葉は花びらと同じ数え方で、「枚」を用います。

セイヨウミザクラの実であるフルーツのさくらんぼですが、実を数えるときは「粒」や「個」、茎にいくつもの実が付いていたら「房(ふさ)」と数えます。小売販売するときは容器の「パック」や「箱」で数えるのが一般的です。

植物 （花の形態）

花びらの形態によって数え方が変わる

個

輪

束

本

つぼみは「個」咲いたら「輪」

　花の花弁が開かないつぼみの状態を「個」や「ひとつ」と数えます。ひまわりやアマリリスのように、車輪の形に似た、丸く花びらを広げる花は「輪」と数えます。

　1本の茎にいくつもの花が咲いているのは「個」、小さな花は「片」、群れで咲く花は「むら」とも数えます。切り花は数本集まると「束」になります。

　紫陽花の花は「本」と数えますが、木の枝が垂れ下がるという意味の「朵(だ)」は、花の塊を数えるときに用います。

さらに深く知る数え方の話

花器にさす生け花は「鉢(はち)」押し花は「枚」

　草花を切り取って枝葉の形を整えて花器にさす生け花は、「鉢」や「瓶」「杯」と数えます。ただし、作品としての数え方は「点」です。生け花に使用する水盤は「個」と数えます。花を活ける花瓶は、「個」や「本」と数えます。

　草花を本などの間に挟んで作る押し花は、「枚」や「本」、「点」と数えることもあります。造花とドライフラワーは生花と同じ数え方で、茎に付いている花は「本」、花そのものは「輪」と数えます。

植物（樹木）

生長や形状によって変わる

切り花は「本」切り株は「株」

　木や花は、大きさや太さで数え方が異なります。

　背の高い木は「本」ですが、背が低い木の株や根から複数の茎に分かれている植物は、「株」と数えます。

　また、群生して生えている植物のことを、「むら」と呼びます。

　鉢植えの植物は、植物の大きさや種類に関係なく「鉢」です。切り花は、「1本、2本」と数えます。

　樹木を伐採したあとの切り株は「株」や「ひとつ、ふたつ」、「本」と数えます。

さらに深く知る数え方の話

平たい葉は「枚」尖った葉は「本」

　葉っぱの数え方は、葉の形によって2種類に分かれます。平面的な形をした葉は「枚」と数えますが、針葉樹のような細く尖った形の葉は「本」と数えます。ちなみに葉とは、枝や茎から出た葉柄の先にある葉身という部分のことです。

　シダ植物の場合は、根のような形をした茎の上にある柄の部分から、いくつもの葉が羽のように生えています。それらは別々ではなく、すべての葉で「1枚」と数えます。

乗り物 (運転するもの)

車と電車、飛行機、船は数え方が違う

Part. 1 正しく使いたい「教え方」

レールの上を走るのは「両」

陸を走るタクシーやバスなど、人や機械の力を使って道路を走るものの数え方は「台」です。電車や新幹線、リニアモーターカーなどレールの上を走る乗り物は、「両」で数えます。飛行機やヘリコプターなどの機体は「機」で数えます。

船は、タンカーなど大型船は「隻」小さな船は「艘」、ボートは「艇」で数えます。いかだは小型の船ですが、平たい形をしているところから、数え方は「枚」「床」になります。

さらに深く知る数え方の話

空を飛ぶ乗り物はすべて「機」

誰もが気軽に運転できる乗り物ではありませんが、宇宙空間を飛ぶロケットも、飛行機や熱気球、ヘリコプターなどと同じように空を飛ぶ乗り物です。乗り物として数えるときは「台」ですが、機体としての数え方は「機」になります。小型で細長い形状のロケットについては、「本」で数えることもあります。

また、ロケット発射の際に利用する発射台は、簡単には動かせないため「基」と数えます。

035

乗り物（交通機関）

運行の種類によって数え方が変わる

定期運行の乗り物は「便」

決まった路線を運転するバスや鉄道は「本」や「路線(ろせん)」と数えます。

ただし、海峡や湖などの両岸の交通を連絡する船や、定期的に運行される飛行機、バスや鉄道については、「便」で数えることもあります。

電車が停車する駅は、乗車区間を示すときは「3駅(えき)」や「駅3つ」、地域内の駅の数をいうときは「この地域には駅が2つ」、停車駅の案内は停車する駅数を「6駅に停車」などと数えます。

さらに深く知る数え方の話

人が手を使って動かす乗り物は「丁」

今では観光地で見かけることが多い人力車ですが、現代でいうタクシーのような役割として利用されていた時期もありました。その当時は行き先がさまざまだったため「往路・復路」で数えていましたが、現在は決まった観光コースを巡るため「便」で数えます。

時代劇などでよく見かける輿(こし)や駕籠(かご)もカテゴリーとしては乗り物ですが、人が手を使って運ぶ道具ということから「挺」「丁(てい)」で数えます。

建物 (家やマンション)

一軒家と集合住宅の2種類がある

軒

戸

棟

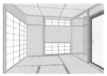

室

マンション全体は「棟」部屋は「戸」

建設中や売買対象の家、マンションの部屋は「戸」で数えます。

一方、借家の家屋や民家は「軒」で数えます。

棟を長く作った集合住宅である長屋は「棟」「軒」で数えます。

ビルよりも小さい、人が住んでいる家やコンビニエンスストア、マンションなどは「棟」で数えます。

人が住む大きな家は豪邸と呼ばれますが、このような家は数え方に「邸」を用います。

さらに深く知る数え方の話

和室の広さは「畳」土地の区画は「筆」

家に使用する柱や梁などは細長い形から「本」、壁や天井、床などは面で構成されているところから「枚」や「面」で数えます。

また、建具の障子、戸、ふすまは、「本」「面」「枚」で数えます。部屋の数え方は「室」、ふすまで仕切られた和室は「間」、部屋の広さは畳の枚数「畳」で数えます。寝るための床は、「床」で数えます。

ちなみに、建物を建てるための土地の登記簿の区画の数え方は「筆」です。

建物（巨大な構造物）

ダムもピラミッドも数え方は同じ !?

正しく使いたい「教え方」

Part. 1

🖩 土台を意味する「基」

神社の鳥居、ダム、ピラミッド、観覧車、発電所、ガスタンク、宇宙ステーション……などなど、動かない建物はすべて、建物の土台を意味する「基」で数えることになります。

東京タワーや東京スカイツリー、サンシャイン60なども基本的には「基」でOKですが、これらは細長い形をしていることから、「本」とも数えます。

また、大きな像や彫刻は、人間の形をしたものは「体」、作品は「点」で数えます。

さらに深く知る数え方の話

「基」だけじゃない！　巨大構造物の数え方

仏像は大きさによって、数え方が異なります。鎌倉や奈良の大仏など座っている仏像は、その姿から「座」で数えます。横たわった仏像である涅槃像は「仏」「尊」で数えます。また、寺院は大きさに関係なく「寺」「院」「堂」「山」を使って数えます。

成田空港など巨大な空港はそのまま「空港」、滑走路は「面」で数えます。

トンネルや高速道路は「本」、東京ドームは「個」で数えます。

041

建造物の中の乗り物

人の力で動かせるものかどうかで数え方は変わる

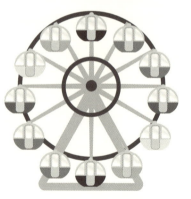

エレベーターは動くので「台」でもOK

ビルや商業施設、駅などにあるエレベーターやエスカレーターは、建物に据えてあり自分では動かせないものなので、「基」と数えます。ただし、エレベーターは他の階へと機械の力で移動するので、「台」と数えることもあります。また、駅などにある動く歩道は、エスカレーターの一種（水平型エスカレーター）で据えてあるので、「基」と数えます。

ロープウェーは「基」と数えますが、人が乗るゴンドラ部分は「台」と数えます。

さらに深く知る数え方の話

「台」で数える乗り物

市場や工場などの移動や荷物を運ぶのに便利な、小回りが利く乗り物ターレー（ターレットトラック）は、自動車として登録可能な場合は小型特殊自動車に分類されます。車と同じように機械の力で走る乗り物ということになるので「台」と数えます。

ターレーと似た用途のフォークリフトも、人が乗り操作するものなので、「台」と数えます。

電動立ち乗り二輪車や電動車椅子は、機械の力で走るので「台」と数えます。

街中にある構造物

状況や役割によって数え方が変わる

基

本

本

体

道路標識は「枚」「本」「ひとつ」

　動かないものや人間の力では動かせないものは「基」で数えます。公園のジャングルジムや滑り台、墓、橋、歩道橋、陸橋、道路標識、街灯などはすべて「基」です。

　橋と歩道橋は「本」「橋（はし）」、道路標識は「枚」「本」とも数えるほか「ひとつ」と数えられることもあります。

　信号機は、役割によって数え方が変わります。信号機そのものを数えるときは「基」ですが、道案内をするときは「ひとつ」で数え、設置場所を示すときは「箇所」を用います。

さらに深く知る数え方の話

石像は「体」地蔵は「尊」

　構造物によっては、状況で数え方が変わるものもあります。

　キャラクターの石像や雪像は、人間や動物をかたどったものは「体」ですが、芸術作品になると数え方は「点」になります。地蔵は「尊」で数えるほか、「体」を用いることもあります。

　バスの停留所は場所を示すときは「ひとつ」や「箇所（かしょ）」で数えますが、交通機関として数えるときは「駅」で数えます。

家具（収納）

広さや使用する収納の種類で数え方を考える

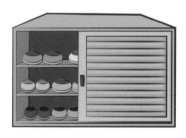

「棹(さお)」は運び方に由来

屋内の物置、納戸は「部屋」「室」「間」で数えます。押入れは、畳の大きさを表す「間」で数え、畳1枚分の広さなら「ひと間」、半分の広さなら「半間」となります。

箪笥(たんす)は「台」、もしくは「棹」で数えます。これは昔、竹の棹を箪笥の金具に通して運んでいたことが由来とされています。

机や食器棚の引き出しは「杯(はい)」で数えますが、タンスの引き出しは「本」になります。また、引き出しの数は、「段(だん)」で数えます。

さらに深く知る数え方の話

本棚と書架は「台」や「本」で共通

靴箱はボックス型の収納なので「箱」で数えますが、玄関に備え付けられている靴箱は、「台」で数えます。

書物を収納する本棚と書架は用途が同じで、「台」や「本」という共通の数え方があります。ただし、本棚は「架(か)」、書架は「枚」とも数えます。

DVDプレーヤーの収納スペースを兼ねたテレビボードは、棚と同じグループなので「台」「本」「架」という数え方をします。

家具 (机や椅子)

椅子は種類、机は使用目的によって数え方が変わる

脚

台

脚

本

机は用途と形でバラバラ

椅子やソファは脚があるので、「脚」で数えます。

商品として数える場合は、「本」を使います。ソファは、脚が短いものは「台」で数えることもあります。

机は、種類によって数え方が異なります。

学習机は「台」ですが、食事をするテーブルは「卓」、ちゃぶ台は「脚」で数えます。

また、読書や書物をするときに使う書物机は「前」で数えます。商品として数える場合は、「点」や「本」が使われます。

さらに深く知る数え方の話

家のベッドは「台」病院のベッドは「床」

ベッドは「台」や「脚」で数えます。しかし、病院で入院患者を受け入れるときは「床」が使われます。

カーテンは「枚」、幕のように張った状態は「張」で数えます。ブラインドも「枚」で数えますが、使われている羽根は「本」で数えます。

絨毯は床に敷いてあるときの数え方は「枚」ですが、販売や配送するために巻いた状態では「本」で数えます。

家電（動かせないもの含む）

一部の例外に要注意

天井はめ込み式の電灯は「灯」

　掃除機、冷蔵庫、電子レンジ、洗濯機、テレビ、DVDプレーヤー、プリンター、ドアホーン、温水洗浄便座など、家電はすべて「台」で数えます。

　ただし、壁や天井にはめ込み式になっている電灯は「灯」、電球は「個」で数えます。

　家庭用エアコンは「台」ですが、建物に据えつけの大きさのものは「基」で数えます。

　パソコンや電話は「台」で数えますが、インターネットや衛星放送、電話の回線は「本」で数えます。

さらに深く知る数え方の話

充電器は「個」電池は「本」

　家電製品の中には、充電式でコードレスのものもあります。充電式の歯ブラシやシェーバーは「台」で数えます。

　それらに使用する充電器は「個」で数えますが、サイズが大きなものになると「台」に変わります。また、蓄電池は「組」で数えます。家電を動かすのに使用する一般的な電池は「本」、ボタン電池は「個」で数えます。

　コードは長い状態だと「本」で数え、束ねると「束」で数えます。

食器

使うシチュエーションや用途で数え方が変わる

個 / 脚 / 杯 / 膳

茶碗に盛り付けると変わる

　浅くて平たい容器の皿は、大小に関わらず「枚」、もしくは「個」で数えます。

　接待などで使用する皿の数え方は、「客」になります。茶碗、汁椀、丼は食器としては「個」、食べ物を盛り付けると、「杯」「膳（ぜん）」「椀（わん）」で数えます。

　コップやカップの数え方は「個」ですが、飲み物が注がれると「杯」に変わります。ワイングラスは脚があるところから、「脚」で数えます。コーヒーカップは皿がセットになると、「個」から「客（きゃく）」で数えるようになります。

さらに深く知る数え方の話

食事箸は「膳」別の用途の箸は「組」

　箸は、用途によって数え方が異なります。食事に使用する場合は「膳」ですが、その他の用途で使う場合は、「組」「揃い」で数えます。割り箸も「膳」で数えますが、袋に入っているときは「本」で数えることもあります。

　箸置きは「個」で数えますが、接待に使用するときは「客」になります。

　洋風な食事やスイーツを食べるのに使用するフォークやナイフ、スプーンは「本」で数えます。

道具（家事の道具）

形状や容器に関連した数え方となる

口が広いたらいは「口」でもOK

　包丁は「本」、まな板は「枚」で数えますが、「丁」を用いることもあります。

　鍋は「個」「ひとつ」で数えます。フライパンは形が平べったいところから「枚」、おたまやしゃもじは「本」「柄」で数えます。

　ほうきやハタキ、モップは「本」、ぞうきんは「枚」で数えます。掃除機は電化製品なので「台」で数えます。

　たらいやバケツは「個」で数えますが、たらいは口が広いため「口」も用います。

さらに深く知る数え方の話

洗濯にまつわるものの数え方

　洗剤は種類や容器によって数え方が違います。ボトルに入っている液体洗剤は「本」、固形石鹸は「個」で数えます。箱に入っている固形洗剤や粉石鹸は「箱」で数えます。

　物干し竿は「本」、洗濯バサミは「個」で数えます。洗濯物は、カゴに入っている分量と物干し竿に干した場合の量で表すため、「籠」や「竿」で数えます。ハンガーは「本」、ハンガーラックは「台」で数えます。

文具や学校にあるもの

数え方は多岐にわたる

部屋

本

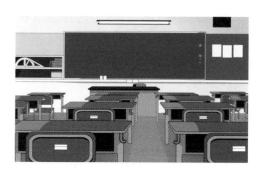

台

丁

正しく使いたい「教え方」 Part.1

 ## 地球儀は「台」「個」「基」どれでも

学校の教室は、そのまま「ひと部屋」と数えます。図書室は「室」で数えます。

授業で使用する黒板は「枚」、チョークは「本」や「片」と数えます。生徒が使う机は「台」、椅子は「脚」と数えます。

カバンは「個」「ひとつ」と数えます。

理科の実験で使用するフラスコやビーカーは「本」と数えます。社会の授業で使用する地球儀は「台」「個」と数えますが、「基」を用いることもあります。

さらに深く知る数え方の話

教科書は「冊」ハサミは「丁」

授業に必要な教科書は「冊」や「部」と数えます。テストの答案用紙は「枚」、試験の実施数は「回」や「度」と数えます。

筆記用具は数え方がさまざまで、鉛筆、ペン、定規、コンパス、カッターは「本」、消しゴムやホッチキスは「個」、ノートやファイルは「冊」、ハサミは「丁」や「挺」、下敷きや分度器は「枚」です。

色鉛筆や絵の具は「本」、色の数は「色」、それぞれのセットは「箱」で数えます。

楽器

大きさや演奏の仕方によって数え方が変わる

Part. **1**

正しく使いたい「教え方」

🧮 コントラバスは「挺」も ok

　コントラバスはピアノやハープと同じく、床に置いて演奏する大型の楽器なので「台」と数えます。しかしコントラバスとハープは、バイオリンや三味線と同じように弓や撥を使って演奏するため、「挺」とも数えます。

　笛や笙、尺八などの管楽器は細長い形なので、「本」や「管」と数えます。

　ギターはほとんどの場合「本」と数えますが、エレキギターは電気で動かすので「台」と数えることもあります。

さらに深く知る数え方の話

小学生の定番・カスタネットは「個」

　息を吹き込んで音を出すリコーダーやクラリネットなどの木管楽器、トランペットなどの金管楽器は「本」と数えます。子ども時代から親しみのあるトライアングルは「個」「ひとつ」、シンバルは「枚」、カスタネットは「個」で数えます。ピアニカやアコーディオンは「台」です。

　ドラムは床に置いて演奏するので、「台」と数えますが、いろいろな楽器が組み合わさっているところから「セット」とも数えます。

身につけるもの(普段着)

形状や着方によって数え方が変わる

ワンピースは「着」か「枚」

　コートやジャンバーなど、全身を覆うものや上着として着用する洋服は「着」ですが、シャツやブラウス、スカートなど上下どちらかを覆う洋服は「枚」と数えます。ワンピースは上下ひと続きですが、「着」や「枚」とも数えます。

　上下セットの洋服は、「組」「着」のどちらに数えることもあります。Yシャツは、元は下着の一種だったと言われ、「枚」と数えます。ズボンなど細長い形状のものは、「本」です。

さらに深く知る数え方の話

羽織や袈裟は「領」腰ではく袴は「腰」

　和服の数え方は「枚」ですが、甚平のように上下セットのものは「着」と数えます。羽織、袈裟などは、襟を持って数えたことに由来して「領」と数えることもあります。袴は「枚」「具」と数えるのが一般的ですが、腰の位置で締め上げてはくことから、「腰」を用いて数えることもあります。

　和服を作るのに使用する巻物は「反」と数えます。「端」と書くこともあります。反物は2反で「一匹（疋）」と数えます。

身につけるもの（ちゃんとした服）

全身まとめて数えることもある

着

着

双

領

3ピースのスーツは「揃え」

　同じ生地を使った上下セットのスーツは「着」や「組」と数えます。

　特別なパーティや式典などで着用する燕尾服やモーニングコートも、スーツと同じ数え方をします。ただし、背広、ズボン、チョッキの3点の組み合わせ（3ピース）のスーツの場合は、「揃え」を使うこともあります。

　結婚式に着用するウエディングドレス、パーティ用のカクテルドレスなどは、全身をおおっている服なので「着」と数えます。

さらに深く知る数え方の話

上流階級の装束は「領」足袋は「双」

　天皇や高僧といった上流階級が着用していた装束は、「領」「着」と数えます。足袋など対になっているものは「双」「両」と数えますが、すべての装束が揃っている場合は「装い」と数えます。

　皇族などが結婚式に着用する十二単は、襟で数えていたことから、襟を表す「領」を使って数えます。一般の人が結婚式で羽織る打ち掛けも、以前は「領」と数えていました。しかし、現在は「枚」と数えます。

女性の下着はまとめて「組」

　ウエストを絞ったり、スカートやズボンがずり落ちたりしないようにするためのベルトやサスペンダーは「本」と数えます。また、下着の一種であるガーターベルトも、ガーターストッキングのずり落ちを防ぐためのものなので「本」と数えます。

　ランニングやシャツ、スリップ、パンツ、ブリーフ、ショーツ、ブラジャーなどの下着類は「枚」と数えます。女性の下着は、1度に身につける下着をまとめて、「組」と数えることもあります。

さらに深く知る数え方の話

畳める帽子は「枚」左右のある手袋は「対」

　ネクタイや蝶ネクタイ、ロープタイは「本」と数えるのが基本ですが、首に掛けて使うところから「掛け」と数えることもあります。

　ニット帽やチューリップハットなど畳める帽子はすべて「枚」と数えます。それに対して、麦わら帽子、シルクハットなどの折りたたみにくいものは「個」と数えます。手袋は片方だけなら「枚」、左右2枚分あれば「対」や「双」と数えます。左右が決まっていない軍手は「組」と数えます。

身につけるもの (アクセサリー)

種類や形状、左右セットかどうかで変わってくる

左右セットは「対」もOK

　重なっている真珠のネックレスの数え方は「連」、ピアスやイヤリングは左右セットのものは「点」「対」ですが、片方だけに付けるものは「個」と数えます。

　眼鏡は、商品として数える場合は「本」「点」、個人所有のものの場合は「ひとつ」「本」「個」です。また、パーツの数え方は、レンズは「枚」、フレームは「本」になります。

　コンタクトレンズは「枚」と数えますが、両目2枚になると「組」になります。

さらに深く知る数え方の話

ベルト付き腕時計は「本」髪留めは「個」

　ベルトがついている腕時計は「本」と数えますが、懐中時計やコインケースは「個」と数えます。

　洋服の胸や肩、襟元につける花飾りのコサージュは「個」や「ひとつ」と数えます。

　ネクタイをワイシャツに留めるネクタイピンや髪を留めるのに使うヘアピン、ヘアバンドなどは「本」と数えます。

　杖は「本」と数えるのが一般的ですが、「丙(へい)」「杖(じょう)」「条」「枝(し)」と数えることもあります。

身につけるもの (履物)

「片方だけ」と「両足揃った状態」では数え方は違う

足

個

枚

足

Part. 1 正しく使いたい「教え方」

セットは「足」片方は「個」

　スニーカーやブーツ、ヒールなど、素材に関係なく片方のみの靴は「個」と数え、両足分が揃うと「足」と数えます。

　和装のときに履く下駄や草履も、片方だけは「個」、両足揃うと「足」になります。

　靴下は片足分だけだと「枚」と数えますが、両足分を数えるときは「足」や「組」、「セット」と数えます。足袋も靴下と同じように片足分は「枚」と数えます。両足分になると、「足」や「両」「双」と数えます。

さらに深く知る数え方の話

「足」や「枚」で数える履物

　ストッキングは「足」と数えますが、身につけると「枚」と数えます。パンストはパンツとストッキングが一つになっているため、それぞれの数え方と同じ「枚」を用います。お店で販売するときは「足」と数えます。タイツも「足」や「枚」と数えますが、「本」と数えることもあります。

　雪国で重宝するかんじきは、片方だけなら「枚」と数えますが、左右2枚がセットになると「足」と数えます。

食べ物(料理店の盛り付け)

食器の種類や素材によって数え方が変わる

Part. 1 正しく使いたい「教え方」

 ## 深皿＝小鉢は「鉢」

茶碗に盛られたご飯は「膳」、お椀に入った味噌汁は「椀」、お皿に盛られたおかずは「皿」で数えます。

また、小さな深皿は「小鉢」と呼ばれるので、「鉢」と数えます。

寿司は「貫」と数えますが、箱に入っている場合は、「折」になります。「折」は、紙の箱に入っていたことが由来で、おせち料理を数える際にも使われます。

ただし、おせち料理は、うなぎと同じように「重」と数えることもあります。

さらに深く知る数え方の話

「ラーメン一丁」はただの景気付け!?

ラーメンに関する数え方はさまざまです。バラバラの状態の麺は「本」、ゆでる前の1食分の麺は「玉」と数えます。ラーメン屋さんで麺を単体でお代わりするときの替え玉は、ここからきています。

ラーメンを注文すると、店員が「ラーメン一丁」ということがあります。でも本来は、どんぶりに盛り付ける料理は「杯」と数えます。注文の確認に「丁」を使うのは、景気づけのためというのが有力な説です。

食べ物 (穀物)

形状や容器で数え方が決まる

米はいろいろな数え方がある

　米を収穫する前の稲穂は「本」、刈り取った稲は「束」「把」と数えます。もみ殻を取り除いた玄米や白米粒は「粒」と数えます。米は容器によって異なり、「袋」や「俵」、「合」「升」「斗」と数えることもあります。

　小麦粉は「袋」で数えますが、調理では「カップ」「さじ」「振り」「つかみ」で数えます。

　とうもろこしは植物としては「本」や「株」と数えますが、中にある粒状の実は「粒」と数えます。個々のコーンフレークは「片」と数えます。

さらに深く知る数え方の話

そばの乾麺は「束」ざるそばは「枚」

　そばは、ばらばらの麺は「本」、束ねた乾麺は「束」「把」、袋入りは「袋」、箱入りなら「箱」と数えます。また、1食分の生麺は「玉」と数えます。

　そばは、調理して盛り付けると、数え方が変わります。椀や丼は「杯」ですが、ざるやすのこに盛り付けた、ざるそばや盛りそばは「枚」と数えます。また、ごく稀に「丁」と数えることもあります。そば屋さんではお店の人の声を聞いてみましょう。

食べ物（野菜）

形状によって数え方が変わる

本

個

玉

本

Part. **1**

正しく使いたい「教え方」

丸く大きなものは「玉」

　ダイコン、ニンジン、ゴボウ、サツマイモ、ヤマイモ、インゲンなど細長い形の野菜は「本」と数えます。それ以外の野菜、ジャガイモ、トマト、タマネギ、ピーマンなどは「個」と数えます。

　葉物のレタス、キャベツ、白菜など丸くて大きなものは「玉」、葉は「枚」で数えます。

　一方、ブロッコリーやカリフラワーは「個」や「株」で数えます。ニラ、ホウレンソウ、チンゲンサイなどの葉物は「束」「把」で数えます。

さらに深く知る数え方の話

きのこの数え方は「本」と「株」

　きのこは、形や生え方、容器によっても数え方が異なります。

　大きな傘が特徴のシイタケやマツタケは、「本」で数えます。傘が小さく群生しているシメジやマイタケ、エノキタケの数え方は、「株」です。樹木の幹に生えているキノコは、「枚」と数えます。

　販売されているキノコは、袋入りは「袋」、パック詰めは「パック」、カゴに乗せてあれば「カゴ」と数えます。

075

食べ物（肉）

大きさや切り方など、肉の数え方は見た目で変化する

ころ

串

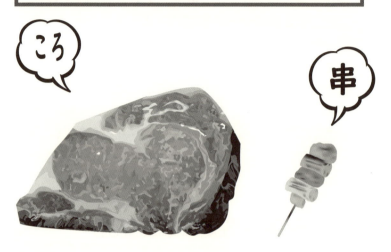

ひき肉

本

パック

サイコロステーキは「片」「個」

　肉は調理の仕方によって、大きさや切り方が異なります。牛肉や豚肉のブロック肉の数え方は「ころ」ですが、スペアリブのような骨付きの肉は「本」と数えます。ステーキやトンカツ用などに使用する、牛や豚のバラ肉など平べったい形をした肉は「枚」、サイコロステーキに使用する肉は「片」や「個」で数えます。また、ひと口大に切った肉は、「切れ」と数えます。

　お肉屋さんやスーパーでは数え方にも注目してみましょう。

さらに深く知る数え方の話

調理前のとりもも肉は「枚」焼き鳥は「串」

　とり肉の場合、丸ごとであれば生きていたときと同様に「羽」で数えます。とり胸肉やとりもも肉は「枚」ですが、切って唐揚げにしたものは「個」、焼き鳥にすると「串」と数えます。また、手羽先や手羽元など骨がついた状態は「本」です。

　ひき肉は、パックに入ってスーパーなどで販売されているものについては、「パック」と数えます。ひき肉をお肉屋さんで購入する場合は、必要な量をグラムで伝えます。

食べ物（魚介類）

調理の仕方で数え方が変わる

ホタテは平たいので「枚」もOK

　水揚げされた魚は「尾」と数えます。ウナギやサンマ、タチウオなどの細長い魚は「本」、ヒラメやカレイなどの平面な形をした魚は「枚」と数えます。イカは「杯」と数えます。サケやマスをまとめて数えるときは「石」。サケは40尾で1石と数えます。

　貝を食べ物として数えるときは「個」を用いますが、ホタテのような平面的な貝は「枚」と数えます。スーパーなどで小売されているときは、「パック」や「山」で数えます。

さらに深く知る数え方の話

生きているアジは「匹」干物は「枚」

　魚は生きている状態と調理後では数え方が異なります。アジは生きている状態では「匹」と数えますが、干物になると「枚」を用います。小さな魚を重ねて干したものは「連」です。カツオを4つに切り分けると「節」になりますが、片側2枚ずつに切り分ける節おろしや干したものは「本」です。

　ウナギは、腹開き背開きのどちらでさばいても、開いて串刺ししたものは「串」、かば焼きは「枚」と数えます。

マグロから見る数え方の変化

　魚は海で泳いでいるときは「匹」。水揚げされて取り引きされることになると「本」に変わります。よく魚を「1尾」と数えますが、「尾」を使ってもいいのは本来、尾と頭がついている姿のときだけです。

　魚を上身、中骨、下身にさばくことを「3枚おろし」といいます。しかしマグロの場合はいかんせん大きいので、3枚おろしとは違うさばき方で解体していきます。

　頭と背骨を落とした半身の、さらに半身は「1丁」と

数え、そこから一定サイズにカットしたかたまりを「ころ」と呼び、かたまりの数に応じて「ひところ、ふたころ」と数えていきます。

「ころ」を短冊状に切り分けると、寿司屋のショーケースでよく見られる「ひと冊(さく)」の大きさになります。スーパーなどで販売される場合は「1パック」です。

刺身や寿司ネタなど、食べやすい大きさに切り分けたものは「ひと切れ、ふた切れ」になります。

さらに深く知る数え方の話

お寿司屋さんでの数え方は？

握り寿司や軍艦巻きは「貫(かん)」と数えます。もともとは2個分で「1貫」でした。しかし、1個分で「1貫」と数えるお店も出てきています。

また、回転寿司店によっては、皿に何個乗っていても「ひと皿」と数えるところもあります。

寿司桶に入った盛り合わせは「ひと桶(おけ)」、折箱の詰め合わせは「ひと折(おり)」と数えます。

巻き寿司や押し寿司は「本」、切り分けたものは「切れ」と数えます。

食べ物（調味料）

入っている容器と手加減で数え方が変わる

容器の形状に合わせる

調味料の数え方は容器によって変わります。

しょう油などペットボトルや瓶に入っているものは「本」、パック入りなら「パック」と数えます。わさびやからしなどチューブ入りの調味料は「本」です。

味噌は袋入りなら「袋」、パック入りなら「パック」と数えます。味噌は樽に詰めて販売することもあり、その場合は「樽(たる)」と数えます。

お弁当に入っているおかずにかける小さい容器入り調味料は、「袋」や「個」で数えます。

さらに深く知る数え方の話

計量グッズ使用と手の加減の数え方がある

計量スプーンや計量カップで調味料を量るときは、「匙(さじ)」「カップ」と数えます。レシピによってはスプーンやカップなどの道具を使用せず、調味料を加える量が調理する人の手加減に委ねられます。

数え方には3種類の方法があって、親指と人差し指、もしくは親指と中指で調味料をつまむ「ひとつまみ」、片手で調味料をつかむ「ひとつかみ」「ひとにぎり」、容器に入った調味料を1回ふりかける「ひと振り」があります。

昆布から見る数え方の変化

　和食の味の決め手となる昆布。

　昆布は海藻ですが、生育は植物のようでも、動物のようでもあり、昆布から飛び出した胞子は「1個」と数えます。胞子はオスとメスの配偶体となって、受精と分裂を繰り返し、昆布は成長と共に形状が細長くなると「1本」、昆布が根元で枝分かれした状態は「ひと株」です。

　昆布は2年目になると1年目よりも成長し、収穫して干され、出汁をとる食材として使われるときは「1枚」、

もしくは「1片（ぺん）」となります。

小売されるときは「ひと束」「1把」「1連」、加工された昆布巻きは「1本」です。佃煮やふりかけなどは、容器によって「1袋」や「1瓶」となります。

こぶ茶は「1パック」「1缶」と数えますが、飲むときは「1杯」。こぶ茶を料理の隠し味として使用する場合は、計量スプーンの大きさによって、「小さじ1」「大さじ1」となります。

さらに深く知る数え方の話

おでんの具材は「枚」「個」「本」

おでんは具材の形によって数え方が異なります。おでんの味を決める出汁に使う昆布は「枚」と数えます。具材のこんにゃくは平たいので「枚」、たまごは円形なので「個」と数えます。

練り物はちくわなど細長いものは「本」、はんぺんなど平らな形のものは「枚」、つみれなど円形のものは「個」と数えます。

また、大根は「本」、じゃがいもと結び昆布は「個」と数えます。

食べ物 (和菓子&洋菓子)

形状や切り分け方、容器などで変わる

ホールケーキを切ったら「切れ」

ようかんは細長いままだと「棹」「本」、切り分けると「切れ」や「個」と数えます。箱入りなら「箱」「折」と数えます。

団子は串に刺さっていれば「串」ですが、バラなら「個」と数えます。汁粉は容器による数え方、「椀」もしくは「杯」になります。

結婚式や誕生日などで食べる丸いホールケーキは「台」、パウンドケーキなどは「本」と数えます。カットしたケーキは、「切れ」や「ピース」「個」と数えます。

さらに深く知る数え方の話

板チョコは「枚」棒付きアメは「本」

チョコレートの板チョコは「枚」、トリュフチョコなら「個」「粒」で数えます。メーカーによっては高級感アピールのために、「粒」の数え方を使うところもあるようです。

アメは「個」「ひとつ」「粒」、棒つきは「本」と数えます。

チョコレート、アメともに、箱入りは「箱」、袋入りは「袋」と数えます。その他、缶入りのアメは「缶」と数えます。

飲み物

容器や形態だけでなく、内容量もポイントのひとつ

Part. 1

正しく使いたい「教え方」

📱 小さな容器は「パック」

　どのような容器に入っているか、そして中身の有無によって、飲み物の数え方は変わります。

　ペットボトルや瓶は「本」と数えます。中身が入っている缶容器は「本」と数えますが、空になると「個」や「缶」で数えます。ビニール容器や300mlより容量が少ない紙パック入りの飲み物は「パック」と数えますが、500mlや1L入りは「本」です。

　ジョッキやグラス、湯飲みなどで飲むときは「杯」と数えます。

さらに深く知る数え方の話

お茶を飲む回数は「服」

　お茶には薬効があり、寿命を延ばすものという説により、薬と同じ数え方になったといわれています。そのため、お茶を飲む回数は「服」と数えます。

　茶葉を容器に入れてお茶を煎じる場合の数え方は「煎」を使います。茶葉は入れてある容器によって、数え方が異なります。袋入りは「袋」「封」「本」、箱入りなら「箱」、缶入りであれば「缶」です。ティーパックのお茶は「個」や「袋」です。

089

水から見る数え方の変化

　私たちの暮らしに欠かせない水。
　水自体は数えることができません。しかし、どのような状態にあるかで、変化が見られます。
　雨上がりなど、水滴がポチョンと水たまりに落ちて広がる。このように自然の中の出来事は、「ひと雫」や「1滴」と数えます。しかし、スポイトなどに水を含ませ、人の手で作った水滴は「滴」となります。
　水道の蛇口から出る水は、太さを微妙に変えながら出

るので「ひと筋」。喉の渇きを潤すために水道の水をコップに注ぐと「1杯」です。

ミネラルウォーターの場合は、容器がペットボトルなら「本」、紙なら「パック」となります。

飲み物を冷やし、暑さのクールダウンに欠かせないのが氷。製氷皿で作ったものは「個」か「粒」、氷のかけらは「かけ」、氷のブロックは「ころ」、かき氷は「杯」です。

川や水たまりにはる氷は、平べったいので「枚」です。

さらに深く知る数え方の話

容器で違う日本酒の数え方

日本酒の数え方は、容器によって違います。鏡開きなどの式典で使う一斗樽の樽酒は「樽」で数えます。また、瓶入りの日本酒は「本」、パック入りは「パック」、缶入りは「缶」と数えます。グラスや盃、升に注いだ酒は「杯」と数えます。

日本全国各地にある蔵元で作られた地酒には、様々な銘柄があり、「銘柄」の前に数字を入れて数えます。

趣味 (演劇・舞台)

公演場所や台本、幕、かつらなどはどう数える？

軒

基

垂れ

個

公演数はいろいろな数え方あり

　演劇や舞台を上演する場所は、建物としての数え方は「軒」ですが、施設としては「ひとつ」と数えます。

　上演する作品は、「作品」や「作」を使ったり、「本」と数えたりします。公演数を数えるときは、「回」「度」「公演（こうえん）」を用います。

　上演する物語の内容が一区切りするのを数えるときは、「幕（まく）」と数えます。

　作品としての台本の数え方は「本」「作品」「点」になります。

さらに深く知る数え方の話

スタンド花は「基」かつらは「枚」

　劇場のエントランスに置かれているスタンドに飾られた祝い花は、冠婚葬祭に贈られる花輪と同じで「基」と数えます。

　舞台で使用する幕は「枚」、幕が張った状態では「張」と数えます。幕が2張りになると、「1帖」と数えます。のれんは「垂れ」です。

　かつらは、頭を部分的におおうものは「枚」、頭全体を覆うものは「台」と数えます。舞台用の白粉コンパクトは、「個」と数えます。

趣味（映画）

機材や上映数、映写幕などの数え方は？

映像は「カット」「場面」「シーン」

　映画の撮影スタジオは「棟」、オープンセットは「箇所」と数えます。映像は「カット」「場面」「シーン」と数えます。

　映画館は「軒」「館」「棟」と数えます。映画館でどれだけ上映しているかは「本」「作」「作品」と数えます。1回で上映する本数は、「本」や「○本立て」で数えます。

　チケットは「枚」、半券は「片」です。

　台本は「本」「冊（さつ）」「作品」「点」、パンフレットは「冊」や「部」を用います。

さらに深く知る数え方の話

映像記録データは「個」映写幕は「面」

　映像作品を記録したフイルムは「本」「巻」「体」、ハードディスクは「個」「枚」「基」と数えます。また、撮影カメラや映写機、プロジェクターは「台」と数えます。映画を映写する幕は、「面」「枚」「張」「帳」と数えます。

　作品の上映数を表すときは、「全国1300スクリーンで上映中！」というように「スクリーン」が使われることもあります。

　上映が終了した映画はDVDでレンタルや販売されますが、DVDは「枚」と数えます。

趣味（本・漫画）

「漫画特有」の数え方も

| まんが1 | まんが2 | まんが3 | まんが4 | まんが5 | まんが6 | まんが7 | まんが8 | まんが9 | まんが10 |

売り上げ数は「部」

　本、雑誌、漫画は「冊」で数えます。

　ただし、作品や商品として扱う場合は、「点」「作」を使います。

　本や漫画の売り上げ数や発行数を数えるときは、電車内の広告でよく「〇万部突破！」と見かけるように、「部」を使います。

　本や漫画でシリーズになっているものや、続きがある作品、また、順番を示す番号が記されている作品については「巻」と数えます。

さらに深く知る数え方の話

連載は「本」シーンの数え方は「コマ」

　連載を掛け持ちしている場合の連載数は「本」ですが、回数は「回」と数えます。

　作品タイトルが同じでも内容が継続しているときなどは「巻」ではなく、「前期・後期」や「1期・2期」といった数え方をすることもあります。

　漫画はそれぞれのシーンを割って描きますが、それを「コマ」と数えます。新聞などに掲載されている短篇作はコマ数から「4コマ漫画」と呼ばれています。

スポーツ競技（陸上）

種目によって回数の数え方に特徴がある

Part. 1 正しく使いたい「教え方」

 トラックは「本」フィールドは「面」

陸状競技に使用するトラックは「本」、内側にあるフィールドは「面」と数えます。競技の数は「種目」です。

中距離走などで、決められたトラックを回ることを「周」と数えます。

走る競技や跳ぶ競技の回数を数えるときは、走ったり跳んだりした回数を頭につけ「○本目」と数えます。また、やり投げ、砲丸投げやなど、道具を投げた距離を競う種目を数えるときは、投げた回数を頭につけ「○投目」と数えます。

さらに深く知る数え方の話

細長い道具は「本」リレーの順番は「走者」

ハンマー投げは金槌に鎖をつけて投げたのが始まりとされていて、競技用のハンマーもその流れをくんでいるところから「挺」や「本」と数えます。やり投げのやりと棒高跳びのポールは細長いので「本」、円盤投げの円盤と砲丸投げの砲丸は小さいので「個」と数えます。

短距離走やハードル走などに使用するスターティングブロックは「台」、ハードルは「台」や「個」と数えます。リレーのバトンは「本」、走る順番は「走者」で数えます。

スポーツ競技（野球）

試合内容と道具とに分かれる

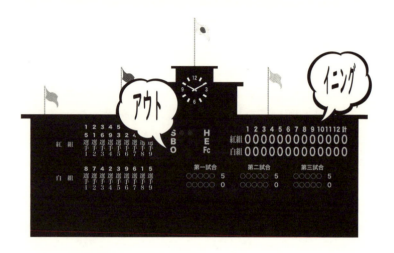

球場のフィールドは「面」

　野球場は「球場」と数えますが、試合を行うフィールドは、「面」と数えます。

　野球の試合は攻撃と守備を9回交互に行うもので、回数は「1イニング」と数えます。攻撃側がアウトを取られることを「1アウト、2アウト」と数え、「3アウト」になったら攻撃から守備へと変わります。

　打者がバッターボックスに立つことを「打席」と数え、ヒットは「本」、ホームランは「本」、ほかにも、「発」「弾」「号」と数えます。

さらに深く知る数え方の話

ボールは「個」バッテリーは「組」

　ホームベースや各塁のベースは「個」や「枚」と数えます。ボールとグローブは「個」、バットは「本」と数えます。ユニフォームは洋服と同じ数え方「着」、試合で履くスパイクシューズは「足」です。

　ピッチャーとキャッチャーのバッテリーは、「組」で数えます。投球は「球」、球種は「ひとつ、ふたつ」と数えます。塁に出た走者がホームベースを踏めずに残塁したときは人数に「者」をつけて「2者残塁」などと数えます。

スポーツ競技 (サッカー)

試合数や選手の数などに特徴がある

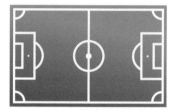

Part. 1 正しく使いたい「教え方」

 ## 得点が決まったシュートは「発」

　練習や試合を行うグラウンドは、競技場として使用する場合は「面」と数えます。

　しかし、スポーツ観戦をする娯楽施設として数えるときは「ひとつ」と数えます。

　サッカークラブの数え方は「チーム」です。試合の時間は途中にハーフタイムを挟み、45分ずつ（＋アディショナルタイム）で、「前半・後半」と数えます。

　シュートの数え方は「本」や「発」で、得点が決まったシュートは「ゴール」と数えます。

さらに深く知る数え方の話

試合は「節」選手は「札」と数えることも

　試合の数え方は「試合」「ゲーム」「回戦」の他に、試合の区切りのときには「節」と数えます。

　選手の数え方は「名」「人」と数えますが、「札」と数えることもあります。

　リーグ戦を行うプロサッカーでは、勝敗数のポイントを「勝ち点」「引き分け」「負け」で数えています。

　Jリーグの場合、ファウルなどの反則は「ポイント」で数えます。

スポーツ競技（海のスポーツ）

競技そのものと道具の形態で変わる

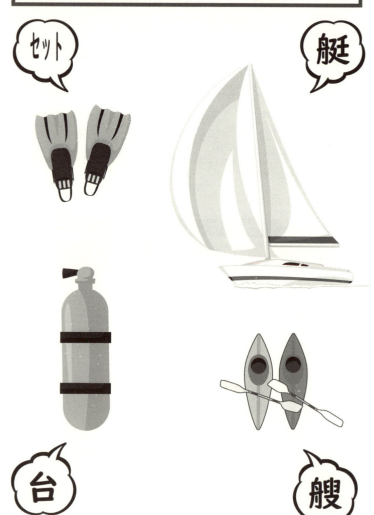

セット

艇

台

艘

板状のものは「枚」

海を数えるときは、「海」の前に数字を入れたり、「ひとつ」と数えたりします。

サーフィンやスキューバのようなマリンスポーツの場合、波に乗ったり海に潜ったりした回数は「本」と数えます。波乗りに使用するサーフボードやウェイクボードなどは板状のものなので、「枚」と数えます。

スキューバやシュノーケリングに使用する足ヒレやゴーグルなどの道具一式は「セット」や「組」、ウエットスーツは「着」と数えます。

さらに深く知る数え方の話

競技ヨットは「艇」電動の道具は「台」

ヨットやゴムボートは遊びに使う場合は「艘」と数えますが、競技に使用する場合は「艇」と数えます。小型の船であるカヤックは「艘」と数えます。

スキューバやジェットスキーで使う道具は電気で動くので、「台」と数えます。

サーフボードのボトム側につける、方向変換のためのスケッグは、日本語ではなく英語の表現を使って「シングル、ツイン、トライ、クアッド」と数えます。

スポーツ競技 (相撲)

興行や取り組み、決まり手などの数え方は？

化粧まわしは「腰」

大相撲では年に6回の興行が行われています。興行は開催される月を頭につけて「○月場所」と数えます。

取り組みが行われる土俵は「面」、取り組みは「番(ばん)」と数えます。力士が身につけるまわしは細長い形から「本」や「枚」と数えます。化粧まわしも同様の数え方ですが、腰につけるところから「腰」を用いて数えることもあります。

力士の最高峰である横綱は、横綱になった順に「第○代横綱」と数えます。

さらに深く知る数え方の話

相撲の決まり手は「手」 企業の懸賞金は「本」

相撲にはさまざまな技があります。仕掛けた力士により勝ちが決まったときの技を"決まり手"と呼び、技は「手」と数えます。決まり手は全部で八十二手、ほかにも非技という勝負結果があり、これは「ひとつ、ふたつ」と数えます。

幕内の取組で企業の宣伝のためにかけられる懸賞金は「本」と数えます。

力士が食べるちゃんこ鍋は、鍋ごと食卓に出すところから「鍋(なべ)」で数えます。

集団

人数や組み合わせによって数え方が変わる

組

クラス

家族

部隊

2人以上は「ユニット」か「チーム」

夫婦や恋人同士2人の組み合わせでよく使われる数え方は「カップル」ですが、「組」を使うこともあります。2人以上で構成される集まりは「ユニット」「チーム」と数えます。

会社や学校で複数人が作業を行うときの集まりは「グループ」や「班」と数えます。学校などでは、「学級（がっきゅう）」や「クラス」で数えるのが一般的です。

表現の方法が似ている芸術家や近い考え方を持つ政治家は「派（は）」と数えます。

さらに深く知る数え方の話

家ごとは「家族」多くの人数の集合は「群」

人やものの集まりは「ひとつ、ふたつ」と数えます。家ごとの集まりを「家族」と呼びますが、「組」で数えることもあります。家を基準に考えた場合、一緒に住んでいて生計が同じならば「世帯」と数えますが、そうでなければこの数え方は使いません。

多くの人数をまとめるときは、「群」や「団」を使用した数え方をします。また、階級組織がある集団や会社の部署を「部隊」と数えることもあります。

世界のマイナーな単位 ①

長さ

の単位①

sok

ソク

タイで独自に使われる単位で、1sokは約50センチメートルです。指先から肘の長さをもとに考えられたといわれます。タイにはほかにも「keup（ケウプ）」＝約25センチメートルや、「wah（ワー）」＝約2メートルがあります。

pechys

ペキュス

古代ギリシャの長さの単位です。聖書の「ヨハネの黙示録」に登場し、新エルサレムの城壁の高さが144ペキュスであったと記されています。1ペキュスは約46.3センチメートルなので、エルサレムの城壁は約66.7メートルあるとされています。

ばしん

競馬を楽しむ人なら、よくご存じでしょう。文字どおり馬の身長を表す単位で、ゴールしたときの入着差を「3馬身」「1/2馬身」のように記されます。馬の個体によるので厳密な定義はありませんが、およそ2.4メートルとして考えます。

Part. 2

世の中に存在するものには単位がある！

J M lb cal Hz dB 光年 dB yd ha km/h gal 坪 bbl GB Ω K kt 貫 石 V 石 cd m³ Sv 匁 t W pH M mℓ L

単位のはじまりは人の体から

指を、腕を、足を……肉体のすべてを使って測った

人の体が最も身近にあった物差し

もし、世の中に長さを測るための物差しがないとしたら、どのようにして測定したり、他のものと比べたりするでしょうか？

まず、思いつくのは、自分の体の一部を使うことです。測りたいものに親指と中指とを広げて当てて「いくつ分」と測ったり、距離だったら、歩きながら歩数を数えて「何歩分」と表すでしょう。

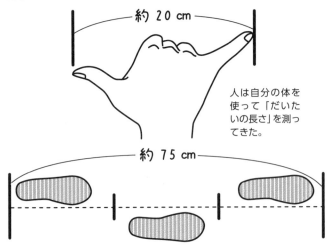

人は自分の体を使って「だいたいの長さ」を測ってきた。

運動量も物差しになる

　人間の体を使った測定法としては、もうひとつ、運動量や仕事量で測る方法もあります。

　たとえば、古代ローマでは朝の太陽が見え始めたときから顔を出すまでに歩いた距離を「1スタディオン」としました。

　あるいは、イギリスで広さを表す「エーカー」という単位は雄牛2頭を使って1日に耕すことができる面積のことでした。

さらに深く知る単位の話

重さは自然物で量る

　長さや面積と違って重さを量るには、人間の体は使えません。そこで、自然物を使って量り、比べるようになりました。古代エジプトでは、重さがほぼ均一な乾燥したカラット豆を使いました。宝石の重さをカラットと呼ぶのはここから来ています。また、古代オリエントでは小麦180粒を「1シケル」という単位にし、60シケルを「1ミナ」と呼びました。1ミナは約500グラムで、後に「ポンド」（約454グラム）となりました。

大文字、小文字、斜体……単位の表記の秘密

なにげなく書いてしまう単位にもきちんとしたルールがある

単位表記の基本は小文字

　メートルを「m」と書いていて、「Mではダメなの？」と思ったことがありませんか？　実はルールがあり、単位は原則として小文字で表記しなくてはなりません。「m」「kg」というようにです。ただ、例外もあり、人の名前が単位となったものは大文字になります。アンペアは「A」、ケルビンは「K」となります。

1メートル＝

単位は基本的に「小文字」で表す

イタリック（斜体）は単位ではない

「m」という斜体文字を見かけることがあります。「メートルでしょ」と思ったら大間違い。斜体で記されたアルファベットは、単位ではないのです。これは物理量と呼ばれるものです。「m」は「質量」を表し、「c」は「光速」、「E」は「エネルギー」を表します。

アインシュタインの提唱した原理は「$E = mc^2$」と表記されます。

さらに深く知る単位の話

接頭語は小文字と大文字

単位の前につける接頭語、センチメートルの「c」やヘクトパスカルの「h」などは小文字です。コンピュータ用語で見かけるメガ「M」、ギガ「G」などは大文字。もっと大きいペタ「P」（10^{15}）、ヨタ「Y」（10^{24}）も大文字です。小さい方のピコ「p」（10^{-12}）、ヨクト「y」（10^{-24}）などは小文字です。

なお、リットル「l」は数字の「1」と似ているので、最近は大文字の「L」を使うよう推奨されています。

1リットル＝

国際単位系ってなんだ!?

勝手に使っていては単位の意味はない。万国共通への道

共通語はメートル法からスタート

　交通機関の発達により国同士の貿易が盛んになると、単位でも「共通語」のようなものが必要となります。それが国際単位です。

　といっても、簡単に決まったわけではありませんでした。最も古い取り決めは1875年のメートル条約です。その4年後、国際度量衡総会（CGPM）が設立され国際的に通用する単位が決められていきます。

単位は国籍を問わずに通じる「共通語」。

7つの基本単位におさまる

たくさんの単位について一度に決められたわけではありません。まず、センチメートル、グラム、秒が基本単位として採用されました。それぞれの表記をとって「CGS単位系」と呼ばれます。

その後アンペアが加わり（MKSA単位系）、さらにケルビンやカンデラ、モルが加わって、7つの基本単位の国際単位系（SI単位系）ができました。

さらに深く知る単位の話

国や地域独自の単位も生き続ける

国際的に通用する単位が決められても、やはり国や地域に独特の単位は生き続けています。たとえば欧米でのマイル、ヤード、エーカーなどはいい例でしょう。使い慣れた単位のほうが便利だからです。

日本でも1951年に1度、そして新たに1992年にも計量法が公布され、国際単位系を使うことが決められました。このとき天気予報のミリバールがヘクトパスカルに変わったりしました。それでもまだ「坪」や「間」などは使用されています。

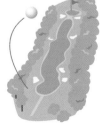

組立単位ってなんだ!?

単位と単位とを組み合わせて、また新たな単位が生まれる

面積や体積などは組立単位

たとえば、面積は縦×横で算出します。単位は「平方メートル」などとなりますが、これは分割すると「メートル」×「メートル」です。速度も同じく「秒速何メートル」などと表しますが、これも「メートル」÷「秒」です。メートルや秒のようにこれ以上は分割できない単位を基本単位、面積や速度の方を組み立て単位と呼びます。基本単位は国際単位系として7つあります。

7つの「基本単位」

はかるもの	記号	読み方
長さ	m	メートル
重さ	kg	キログラム
時間	s	秒
電流	A	アンペア
温度	K	ケルビン
光度	cd	カンデラ
物質量	mol	モル

ベースは基本単位

国際度量衡総会が初めに決めた基本単位はセンチメートル（cm）とグラム（g）、秒（s）でした。その後、センチメートルはメートル（m）に、グラムはキログラム（kg）に変わり、さらに電流のアンペア（A）と温度のケルビン（K）、光度のカンデラ（cd）が加わります。

1971年、この6つに物質量のモル（mol）が加わって基本単位は7つになりました。

さらに深く知る単位の話

固有名がつけられた組立単位

m^2のように、組立単位は基本単位によって表されます。ただ、いくつかの組立単位は固有の名前を付けられています。ヘルツ（Hz）、ワット（W）、パスカル（Pa）などのようにです。

ちなみにヘルツは1秒間にどれだけ（何回）振動したかを表す単位で、基本単位の秒と回数を組み合わせた単位です。

ワットは、仕事率や電力などを表す単位です。

「ワット」という単位の由来となったジェームズ・ワット

単位の接頭語

単位の頭に言葉をつけると、一気に大きさが変わる

 ## 10の乗数の接頭語

1メートルの1000分の1は0.001メートルになります。1万倍になると1万メートルです。0が多くなると、0の数をひとつひとつ数えなくてはなりません。それでは面倒なので、単位の前に10倍、100倍、10分の1、100分の1などを表す接頭語を付けるようになりました。1000倍がキロ、100分の1がセンチ、1キロメートルは1000メートルになります。

10のn乗	記号	読み方
10の24乗	Y	ヨタ
10の21乗	Z	ゼタ
10の18乗	E	エクサ
10の15乗	P	ペタ
10の12乗	T	テラ
10の9乗	G	ギガ
10の6乗	M	メガ
10の3乗	k	キロ
10の2乗	h	ヘクト
10の1乗	da	デカ

10のn乗	記号	読み方
10の-1乗	d	デシ
10の-2乗	c	センチ
10の-3乗	m	ミリ
10の-6乗	μ	マイクロ
10の-9乗	n	ナノ
10の-12乗	p	ピコ
10の-15乗	f	フェムト
10の-18乗	a	アト
10の-21乗	z	セプト
10の-24乗	y	ヨクト

世の中に存在するものには単位がある！

 接頭語は20個

1960年、国際度量衡総会は12個の接頭語を決めました。センチやキロのほかにもミリ、マイクロなどがありますし、今ではコンピュータの記憶容量に使われるメガ、ギガ、テラ、それに小さいほうのナノやピコなどもこの時代に決まっています。

さらに後年には新たにフェムト、ゼタなどが加わり、現在は全部で20個となりました。

さらに深く知る単位の話

10進法を広める目的もあった

接頭語を付ける意味は、大きなケタを表すとともに、10進法を広めるという目的もありました。とくに、ヨーロッパなどの地域特有の単位は10進法ではなく12進法を使っていたり、中途半端な倍数で決まっていたりしました（時間や角度だけは12進法が残されました）。これでは、その国や地域以外の人たちには使いにくかったため、国際的に通用する単位は10進法を浸透させたかったのです。

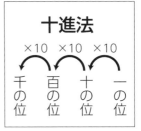

単位の漢字いろいろ

日本独特の単位の表記法

日本で発展した単位

　日本にもさまざまな単位があり、漢字で表されていました。長さだと尺（約30.3センチメートル）や寸（約3センチ）、丈（約3メートル）があります。重さは貫（約3.75キログラム）や匁（約3.75グラム）。広さは町（約99.17アール）、反（約991.7平方メートル）などです。このように日本の単位も10倍、100倍を基本としていました。

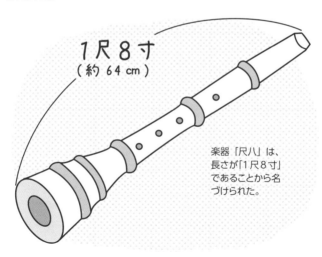

1尺8寸
（約64cm）

楽器「尺八」は、長さが「1尺8寸」であることから名づけられた。

part.2 世の中に存在するものには単位がある！

 ### 輸入された単位も漢字に

一方、明治以降、メートル法が外国から入ってきて、それを日本語表記にするようになりました。

すると当て字だけでなく、ユニークな漢字も生まれてきました。メートルは「米突（後に「米」）」、グラムは「瓦羅牟（後に瓦）」と当てたほか、センチメートルは「米」と「厘（100分の1の意味）」をくっつけて「糎」という新たな漢字をつくりました。

さらに深く知る単位の話

位取りのための漢字もある

国際単位では10の3乗倍（k）、10の−6乗倍（μ）など、接頭語をつけて表します。漢字にも似た働きをするものがあります。たとえば、普通に使っている「百」は10の2乗のこと。「5」の後に「百」をつければ「500」を表すでしょう。

10の12乗は「兆」、スーパーコンピュータの名前にもなっている「京」は10の16乗です。また、10の−3乗は「毛」です。10の64乗は「不可思議」といいます。

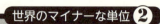

世界のマイナーな単位 ❷
これも単位?

パーセント

　もちろん単位の１つですが、あるものの数値、量が全体を100とした場合にどれぐらいを占めるかを表すものです。たとえば体重はキログラムで表し、体脂肪率（脂肪量の体重に占める割合）はパーセントで表します。

メッシュ

　メッシュとは網の目のこと。これは目の粗さを表す単位です。１インチあたりの網の目の数で表しますが、紙やすりなどの目の粗さを表すのにも使われます。数値が大きくなるほど目が細かくなります。

ポイント

　活字の大きさを表す単位です。1ptは72分の１インチ。漢字、平仮名などは10.5ポイントが標準的です。ちなみに「ルビを振る」の「ルビ」は宝石のルビーから取られ、5.5ポイントを指しました。

Part. 3

常識として
知っておきたい単位

長さの単位
メートル　m

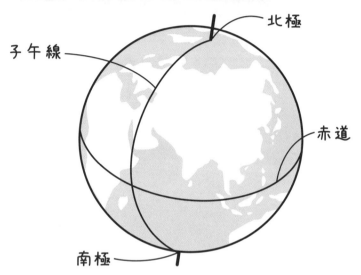

地球の赤道と直角に交わるように、北極と南極を結んだ大円が子午線。
1mはその子午線の「4000万分の1」の長さ。

 どこで使われているか

　現在、日本人にとって長さの単位の基本となっている「メートル」。これを元にミリメートル（100分の1メートル）、センチメートル（10分の1メートル）、キロメートル（1000メートル）とさまざまな長さを表すようになっています。もちろん長さは「距離」だけではなくて、身長や建物の「高さ」もメートルで表します。

どんな由来？　どうしてできた？

　かつて長さの単位は、足の大きさなど身体の部位を基準としていたため、国や民族によって違いました。それを統一しようとイギリスの天文学者が考えたのが、2秒間隔で往復する振り子の長さ（997ミリ）です。

　さらに18世紀後半、もっと厳密にしようと地球の「子午線の距離の4000万分の1」が、当時としてはもっとも不動の単位と考えられ、測定がスタートしました。

　なお、「4000万分の1」とした理由は、先の振り子の長さに近いからでした。

さらに深く知る単位の話

子午線の測量には6年の歳月が

　子午線は、北極から南極の方向の円周です。もちろん、ぐるりと一周して測量するわけではありません。フランスのダンケルクからスペインのバルセロナまでを三角測量によって実測したのです。この2つの都市は同じ子午線上にあり、子午線の距離の40分の1に当たります。

　ただ、途中には険しい山などがあるため、測量が終わるまで6年もかかりました。そうした苦労の末、ついに1メートルという長さが決定しました。

mの雑学

メートルを測る物差しの変遷

世界各国がメートル原器で測定

子午線の長さから決まった1メートルですが、日常生活で使用するには手軽に使える道具が必要になります。1889年、フランスが白金とイリジウムの合金で作り、世界各国に配った1メートルの物差しがそれです。これを「メートル原器」と呼びます。断面は「X」の形をしていて、熱や水分などの影響を受けにくくなっています。

環境の影響を受けない物差しへ

「メートル原器」は丈夫で長持ちの物差しでしたが、さすがに100年もたつと微妙に長さが変わってきました。「もっと厳密な物差しはないか」。そうして見つかったのが「光」を使った物差しです。

光の速度はわかっていたので、その2億9979万2458分の1秒に進む距離を1メートルとすればいい、と1983年に決められたのでした。

Part. 3 常識として知っておきたい単位

長さのいろいろ

約 **4万** km

地球の円周
　正確には、赤道を回った円周のほうが、子午線の円周よりもちょっとだけ長くなります。

8848 m

エベレスト
　チベット語ではチョモランマと呼ばれます。富士山 (3776 m) の約2.3倍です。

634 m

東京スカイツリー
　2012年に完成。自立する電波塔では世界一の高さです。「634（ムサシ）」と覚えます。

長さの単位
ヤード
yd

 どこで使われているか

　ヤードという単位をよく使うのはゴルフでしょう。アマチュアゴルファーの間では「何ヤード飛ばした」と話題になります。ゴルフ好きにとっては 300 ヤード飛ばすのが実力の目安になるようです。他にもアメリカンフットボールでは、コートの大きさは長辺が 120 ヤードと決められています（短辺は 160 フィート）。

Part.3 常識として知っておきたい単位

どんな由来？ どうしてできた？

ヤード誕生にはいろいろな説があり、もっとも有力なのはキュービットという単位から作られたというもの。キュービットは世界最古の長さの単位といわれています。ひじから中指の先までの長さを1キュービットとし（約50センチ）、2キュービット＝1ヤードになります。「旧約聖書」に出てくるノアの方舟の長さもキュービットで表されています。

なお、目の前に腕を突き出したとき、鼻先から親指までを1ヤードとしたという説もあります。

さらに深く知る単位の話

ばらばらの「ヤード」を統一

ひじから中指までの長さだと、手の長い人もいれば短い人もいますから、それぞれ異なってきます。そこから決まるヤードもバラバラになってしまいました。「これではまずい」と、1824年にイギリスで長さや重さの単位を定めたとき、正式に1ヤードを「0.9143984メートル」と決めました。

その後、1959年にはアメリカやカナダ、ニュージーランドも加えた6カ国による国際協定で「1ヤード＝0.9144メートル」と決められました。

長さの単位
マイルと海里 mil

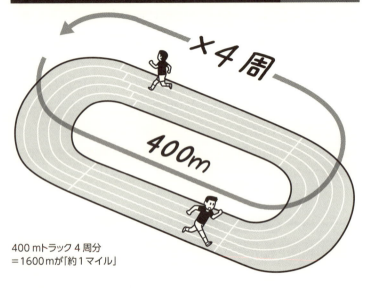

400 mトラック4周分
＝1600mが「約1マイル」

どこで使われている？

　マイルは陸上競技や競馬で使われます。競技場のトラック1周は400メートル。ここを4人で4周走る競技をマイルリレーと呼ぶのは、合計が1マイル（約1600メートル）だからです。もともと船舶や飛行機の運航距離を示す単位だった海里もマイルと呼ばれることがあります。ただし、排他的経済水域を示す場合は200海里といいます。

Part.3 常識として知っておきたい単位

 ## どんな由来？ どうしてできた？

　古代ローマで用いられた「パッスス」という単位が起源。1パッススは人間の2歩分の長さで約147.9センチメートル。その1000倍の長さが1マイルの基になったといいます。ただし、国際協定での1マイルは1609.344で、1000パッススより長くなっています。

　一方、航海や航空で使われる海里は地球1周分を基準とした海面上の距離ですが、地球が完全な球体でないため、長さは国によりまちまちでした。国際的に統一されたのは1929年です。

さらに深く知る単位の話

マイルには陸用と海・空用がある

　航海や航空の分野で「海里」(1海里=1852メートル)を「マイル」と呼ぶことがありますが、陸上で使われるマイルとは長さが異なります。そこで、混乱を避けるために陸上で使うものを「陸マイル」、空や海で使うものを「海マイル」と区別することがあります。ただ、セスナ機などは移動距離が比較的に短いので陸マイルが使われることが多くあります。また、航空会社のマイレージ・サービスの搭乗距離は原則として海マイルです。

長さの単位

尺と寸

🌐 どこで使われている？

　尺や寸は日本の伝統的な長さの単位です。尺貫法が廃止され、1959年から国内の計量法はメートル法に統一されましたが、今でも寺社仏閣などの日本建築、和裁などの分野では、これらの単位が使われています。巻き尺、尺玉（花火）、八寸（懐石の器）、「一寸法師」など言葉として残っているものもあります。

Part.3 常識として知っておきたい単位

 どんな由来？ どうしてできた？

尺は古代中国から伝わった長さの単位です。日本では、701年の大宝律令で尺の使用が定められましたが、律令制度崩壊により長さの単位にも地域差が生じました。

計量法が統一されたのは明治になってからです。政府は、伊能忠敬が京都と大坂では尺の長さが違うため、平均値（折衷尺）を用いたことから、これを正式採用しました。

尺の単位には「曲尺」（1尺＝約30センチ）と「鯨尺」（1尺＝約38センチ）があります。

さらに深く知る単位の話

尺の長さは権力者の手のサイズ？

尺のルーツは3000年前の中国の王朝にあります。当時の1尺は手の親指と人差し指（または中指）を広げた長さ（約18センチ）とされていました。その10分の1が寸です。ただし、時の権力者が変わるたびに尺の長さは変わり、統一されるまでには長い年月が必要でした。日本でも尺の長さと名称にはさまざまな変遷がありました。

ちなみに楽器の「尺八」は、長さが1尺8寸（約43.7センチ）だから。これは唐の「小尺」の長さに由来しています。

長さの単位
丈と間と町と里

 どこで使われている？

　丈、間、町、里は、日本家屋の広さや土地の大きさ、距離を示すのに使われてきた単位です。最近はあまり使われませんが、間は家の間口の広さを表すとき、里は距離で「一里塚」「母をたずねて三千里」など言葉として耳にしたこともあるのではないでしょうか。四字熟語の「五里霧中」は霧のかかる範囲を示しています。

どんな由来？ どうしてできた？

丈は、尺と同じく古代中国から伝わった単位で尺の10倍の長さ（約3メートル）です。

間は家屋の柱と柱の間の長さ（約1.82メートル）で、日本では測量にも使われました。

町（1町＝約109メートル）や里（1里＝3927メートル）はもともと土地などの広さを表す単位でしたが、やがて面積の一辺の長さを示すときにも使われるようになりました。1602年、1里を36町と定める布令を出したのは徳川家康です。

さらに深く知る単位の話

昔の人は歩いて距離を測定した

長い距離を測る術のなかった昔の人は、実際に歩いて、その歩数でだいたいの距離を測りました。中国の「歩」や古代ローマの「バッスス」は2歩分を1単位にしています。里も同様で、人が約1時間歩いた距離を1里としました。人により歩く速さや歩幅は異なるので、時代や地方により1里の長さはまちまちでした。千葉県の九十九里浜は、鎌倉幕府を開いた源頼朝が1里ごとに矢を立てたところ、99本になったことから名づけられました。

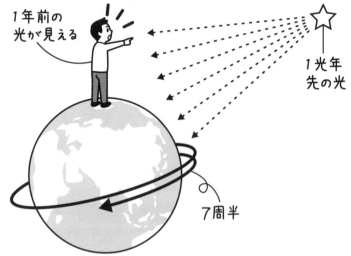

1光秒は光が1秒間に進む距離で、地球7周半分（約29万9792km）
1光年は光が1年間で進む距離。1光秒の約3153万6000倍にあたる約9.5兆km

どこで使われている？

　宇宙の恒星間の距離をメートルやキロメートルで示すとなると、10の9乗を表すG（ギガ）を付けなくてなりません。これでは、とてもイメージはできないでしょう。そこで考えられたのが、光が1年間に進む距離を1単位の1光年とする方法です。地球とアンタレス（さそり座）の距離は約550光年ということになります。

Part. 3 常識として知っておきたい単位

 どんな由来？ どうしてできた？

1光年は約9兆4607億キロメートルです。これだけではなかなかイメージが湧きません。しかし、「光は1秒間に地球を7周半」ということを知っていると、何となく「とてつもない距離」ということは想像できるのではないでしょうか。

光年という考え方は1838年にドイツの天文学者が提唱しました。

「光年」の誕生によって、天体間の距離を、理解できるケタ数で表すことができるようになったのです。

さらに深く知る単位の話

宇宙空間から観測を続ける宇宙望遠鏡

星を観察するには天体望遠鏡を使います。しかし、銀河系の星々は134億光年も離れているため、大気の影響を受ける地上の望遠鏡では観察することができません。

そこで宇宙空間から銀河系を観測したらいいのでは？ と思いついたのです。それが1990年にアメリカがスペースシャトルで打ち上げたハッブル宇宙望遠鏡。今も地球を周回しながら観測を続けていますが、大気の影響を受けないため鮮明な画像を送ってきています。

宇宙を測るのは「光年」だけではない！

もっと短い距離を表す単位

太陽系を見る場合、単位が「光年」では大きすぎます。たとえば、地球と太陽の平均距離（公転は楕円形のため）は約1億5000万キロメートル。光年で表すと0.00001581光年になります。これではイメージしにくいでしょう。それで、地球と太陽との距離を1とする単位（天文単位といい「au」で表す）が作られました。

「光年」より長い単位はあるの？

何と光年の約3.26倍の単位があります。パーセク（pc）といって、1 auをもとに算出します。

ある恒星を考えます。この恒星を1 auの距離にある2つの星（たとえば地球と太陽）から眺めて1秒の角度（1度のさらに3600分の1度）になったとき、地球から恒星までを1 pcとするとしました。最も長い距離の単位といえます。

常識として知っておきたい単位

いろいろな星までの距離

8.6 光年

シリウスは冬の星座、おおいぬ座の最も明るい星。太陽系から 8.6 光年は最も近い部類です。

430 光年

こぐま座で最も明るいのが北極星。北半球ではほぼ真北に見えます。太陽系からは 430 光年です。

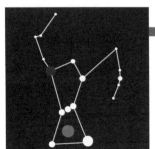

700 光年

リゲルはオリオン座で 2 番目に明るい星。太陽系からは 700 光年も離れています。

キログラム kg

重さの単位

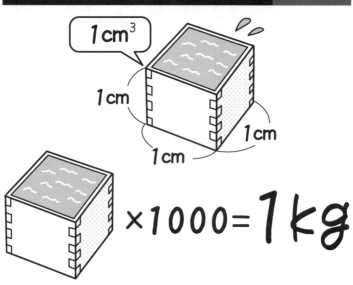

1気圧における、1立方センチメートルの水の重さが「1グラム」

どこで使われている?

人間の体重は、たとえば「僕の体重は67.5キログラム」というように、ほとんどキログラムで表せます。小さな物なら1000分の1であるグラムを使うでしょう。スーパーの肉などは「100グラム○円」と表示されます。もっと大きいものは1000キログラムを表すメガグラム(Mg)や、その1000倍であるギガグラム(Gg)を使います。

常識として知っておきたい単位 Part.3

 どんな由来？ どうしてできた？

　グラムの語源は、ギリシア語で「穀物」を表す「グレーン」です。取引されたりすることから、やがて「重さ」の意味も持つようになりました。

　基本となる重さの定義は1795年、フランスがメートル法を定める際、「1気圧で、1立方センチメートルの水の重さ」を1グラムとしました。ただ、1グラムを基本の単位とすると、重さを表す数値が大きくなりすぎることから、4年後の1799年にはキログラムが基本単位となっています。

さらに深く知る単位の話

宝石、貴金属には違った単位も

　重さについては「キログラム」だけでなく、今もなお別の単位が使われる場面があります。たとえば、貴金属や宝石では「カラット」が用いられます。1カラット（ct）が約0.2グラムに相当します（なお、金の含有量の単位もカラット「K」といいます）。缶詰の内容物では「オンス（oz）」を使うこともあり、こちらは約28グラムです。これは1ポンドの16分の1となっていて、「少量」「わずか」という意味もあります。

ついにキログラム原器が変わる

唯一の人工物の原器

　長さや時間などの基準は、光の波長や光の速さなど、「誰が」「どこで」測定しても変わらないものへと変わってきました。ただ、重さだけは1799年に作られた白金製のキログラム原器、1889年には白金とイリジウム製に変えられたキログラム原器が基準となっていました。ただ、人工物ではわずかな誤差が生じる可能性もありました。

絶対に「変わらない」原器に

　誤差のない基準を作れないかと研究が重ねられ、ついに2019年5月20日から、新たな基準が用いられることになりました。プランク定数という量子力学における基本的な定数を使い、ある波長の光子のエネルギーを算出し、それと同じだけの質量を1キログラムとしたのです。これによって、場所や時代によって変化することのない基準となりました。

重さのいろいろ

20 mg

米粒

米1粒は約20ミリグラムで、ビタミンC 1000ミリグラムは米50粒に相当します。

約1.3 kg

人間の脳

人間の臓器の中では肝臓とともに最も重いのが脳です。心臓は0.2〜0.3キログラムにすぎません。

1000 kg

軽自動車

1000キログラムは1トン（t）と同じ重さです。トラックなどはトンで表されます。

重さの単位
ポンド

どこで使われている？

　シェークスピアの「ベニスの商人」では、主人公アントニオが胸の肉「1ポンド」を抵当にしてお金を借ります。ほかにも、ボクシング選手の体重を「○ポンド」と表していますし、バター、小麦粉、砂糖、卵を1ポンドずつ混ぜて作ったのが「パウンドケーキ」です。

　重さの表記は「ポンド」ですが、「パウンド」と聞こえるため、この名がつきました。

Part.3 常識として知っておきたい単位

 どんな由来？ どうしてできた？

　日本ではなじみが薄いポンドも、欧米ではヤード・ポンド法があり、ポピュラーです。まず「グレーン」という単位から始まりました。古代メソポタミアで大麦1粒の重さを1グレーンとし、この単位がイギリスへ渡って、1日に食べる大麦の量として5244グレーンを1ポンドとしたのです。その後、エリザベス1世が1584年に1ポンドを7000グレーンと定めました。

　なお、1ポンド＝約0.45キログラムと正式に決まったのは1959年のことでした。

さらに深く知る単位の話

どういうわけか表記は「lb」

　「ポンド」なのに表記は「lb」で、「p」の文字は出てきません。これは、ラテン語の「libra（天秤）」から取られたからです。重さを量るのに天秤を用いたためリブラを単位としたとする説、あるいは、リブラポンド（ポンドは「重さ」の意味）という単位が先にできて、やがてリブラが略されたとする説などがあります。

　なお、グレーンは「gr」、グレーンとポンドの中間であるオンスは「oz」と表されます。

lbの雑学

ボクシングではおなじみの「パウンド」

体重によって階級が分けられる

　20世紀初頭、ボクシングの階級は6階級しかありませんでした。そのため6人しか世界チャンピオンはいなかったのです。それぞれフライ級、バンタム級、フェザー級、ライト級、ミドル級、ヘビー級です。

　白井義男が日本人初の世界チャンピオンに輝いたのが1952年。このときの階級は、バンタム級などに「スーパー」のつく階級が4つ増えて10階級でした。

現在は17階級

　2019年現在、ボクシングの階級は17あります。最も新しいのは1986年に設けられたミニマム級（105ポンド以下）。一番軽量だったライト・フライ級よりさらに下の、軽い体重の階級です。ヘビー級が200ポンド以上ですから約2倍の体重比です。

　なお、大きなボクシングの団体は4つあるので、世界チャンピオンは合計で68人いることになります。

重さのいろいろ

パウンドケーキ

もともと、バター、小麦粉、砂糖、卵をそれぞれ1ポンドずつ混ぜて作りました。

0.5-0.625 **lb**

ボクシングのグローブ

スーパー・ライト級までは8オンス、ウェルター級以上は10オンスのグローブを使います。

宝石

アメリカでは宝石の計量に少し軽いトロイポンドやトロイオンスを使っています。

重さの単位
貫と匁

どこで使われている？

貫と匁は江戸時代から日本で使われていた重さの単位です。しかし、今、私たちが耳にするのは、からかい言葉の「百貫デブ」や昔遊びの「花いちもんめ」くらいでしょうか。花いちもんめは漢字にすると「花一匁」。花を買うときのようすが歌詞のもとになっています。なお、真珠の質量を表す匁は今も世界的に使われています。

part.3 常識として知っておきたい単位

 ## どんな由来？ どうしてできた？

　中国では、唐代初期から年号を冠した銅銭が製造されていました。宋の時代、日本に輸入されたのが開元通宝という一文銭でした。この一文銭の重さ（3.75グラム）は「文目」という単位としても使われました。「匁」は「文メ」を続け字で書いているうちにできた漢字といわれています。

　江戸時代、大量の銭を運ぶときには中央の穴に紐を通して1000枚をひとまとめにしました。1000枚の銭を貫くため、貫という重さの単位が生まれました。

さらに深く知る単位の話

銭形平次の投げ銭の重さは1匁

　江戸時代の代表的な硬貨といえば、丸い硬貨の中央に四角い穴が開いた寛永通宝。時代劇の主人公、銭形平次が武器として投げていたのがこの銅銭です。寛永通宝も一文銭ですから、重さは1匁（3.75グラム）と定められていました。

　日本には今でも50円玉や5円玉のように穴の開いた硬貨があります。ちなみに、5円硬貨は銅と亜鉛の合金製ですが、重さは3.75グラム、一文銭を継承しています。

広さの単位
平方メートル m²

長さの単位「m」を掛け合わせた組立単位が「平方メートル」

どこで使われている？

　日本では室内でも室外でも広さを表すときはほぼ、平方メートルを使います。不動産関係のチラシなどには部屋の面積に「畳」や「坪」を使っていることもありますが、そのときにも横に「10坪（約33平方メートル）」などと表記されているでしょう。市や町などもっと大きな面積になると平方キロメートルが使われます。

常識として知っておきたい単位 part.3

 どんな由来？　どうしてできた？

　平方メートルは基本単位ではなく組立単位になります。メートルという単位を組み合わせているわけです。メートル法が作られるのと同時に平方メートルも使われ始めました。やがてヨーロッパの「アール」や日本の「町」など面積そのものを表す単位より、平方メートルのほうが浸透したといえます。

　「縦×横」というように四角形の縦の長さと横の長さの「積」が基本ですが、円形や楕円形でも、積分法で平方メートルの面積が算出できます。

さらに深く知る単位の話

平方の位置で意味が変わる

　平方には2乗という意味があります。そのため平方メートルは「m^2」と表記されます。漢字にすると「平方米」になります。これを略して「平米」と書くことがあり、「へいべい」といったりします。ただ、これはあくまで日本人の面積について便宜上の表し方であって、文書などで使用することはありません。また、たとえば「10メートル平方」という言い方になると、1辺が10メートルの正方形の面積ということになります。

ほかの面積単位と比較してみると……？

「畳」や「坪」は今も根づいている

日本では現在も畳、坪などの単位が使われています。畳と坪とを平方メートルに換算すると、1畳は約1.62平方メートル、1坪は約3.3平方メートルとなり、2畳で1坪ということがわかります。

また、100メートル×100メートル（10000平方メートル）のヘクタールを平方キロメートルに直すと、0.01平方キロメートルになります。

広大な面積をもつ施設

日本の施設でも、平方メートルで表すとかなり大きな数値になるものがあります。たとえば羽田空港は約1522万平方メートル。東京ドームが約4万6755平方メートルですから、326個分も入ります。

また、北海道大学の敷地は演習林などの研究施設も含めると6億6000万平方メートルもあります。東京ドームだと1万4116個分です。

広さのいろいろ

0.44 km²

バチカン市国

　世界で一番小さい国です。羽田空港よりも狭く、東京ディズニーランドと同じぐらいです。

1877 km²

香川県

　一番狭い都道府県。以前は大阪府でしたが、香川県の土地が削られてしまい狭くなりました。

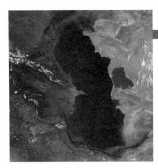

371,000 km²

カスピ海

　ロシアなどに隣接しているカスピ海は世界一広い湖です。日本の総面積とほぼ同じです。

面積の単位
アールとヘクタール

 ## どこで使われている？

　アールとヘクタールは、広場や空き地、田畑など広い面積を表すときの単位です。アールは1辺10メートル、ヘクタールは1辺100メートルの正方形の面積を示します。ただし、日本では農地面積を表す以外には、あまり使われません。これは1アールが日本の1畝（約99.2平方メートル）とほぼ同じ広さで、換算しやすいからです。

Part. 3

常識として知っておきたい単位

 どんな由来？　どうしてできた？

　アールの語源は、「広場」や「空き地」を意味するラテン語の「area（アーレア）」です。18世紀、メートル法が定められたとき面積を表す単位として新たに誕生しました。

　すでに「メートル」は使われていましたが、平方メートル、平方キロメートルという単位は、両者に100万倍もの差があるため日常的に使うには不便でした。その中間の広さを表す単位として、アール、そしてヘクタールが作られたのです。

さらに深く知る単位の話

「ヘクト」で一気に100倍に

　アールは10メートル四方の面積、ヘクタールは100メートル四方の面積を表しますが、ヘクタールの「ヘクト」はラテン語で100倍を意味します。天気予報で気圧を表すヘクトパスカル（hPa）という単位が示されますが、これも圧力を示すパスカルの100倍という意味です。1アール、1ヘクタール、1平方キロメートルはそれぞれ100倍されていきます。3つの単位の関係を覚えておくと、田畑など広い土地の面積が理解しやすくなります。

面積の単位
エーカー

 どこで使われている？

　エーカーは、イギリスで誕生した欧米の伝統的な面積単位で、主に農地の広さを表すときに使われます。かつてイギリスでは農地の境目が1エーカーごとにわかるようになっていました。欧米では今でも面積単位としてエーカーが正式に用いられていますが、日本では土地の取引や証明などに使用することは認められていません。

どんな由来？ どうしてできた？

エーカーはラテン語で牛のくびきを意味する言葉に由来します。くびきは鋤を牛に固定するための道具で、エーカーは「雄牛2頭引きの鋤で1日に耕せる面積」を示す労働力の単位でした。

ところが、1277年、イギリスのエドワード1世が「4ロッド×40ロッドの土地の面積」を1エーカーと定めます。この「法定エーカー」をメートル法に換算すると、1ロッドは5.5ヤードなので、1エーカー＝4840ヤード＝4047平方メートルとなります。

さらに深く知る単位の話

エーカーという単位の不思議

1エーカーが1日に耕せる面積といっても、その土地の硬さや傾斜などにより耕せる面積は異なります。しかし、作業時間はみな同じですから、平等と考えることもできます。つまり当初のエーカーは面積ではなく労働力の単位だったのです。

また、法定エーカーとして定められた土地の縦横が「4対40」という長方形だったのは、長辺は作物を育てる畝の長さ、短辺は畝の本数を考えてのことでした。4ロッドの短辺には畝が32本作れる計算です。

面積の単位
畳と坪

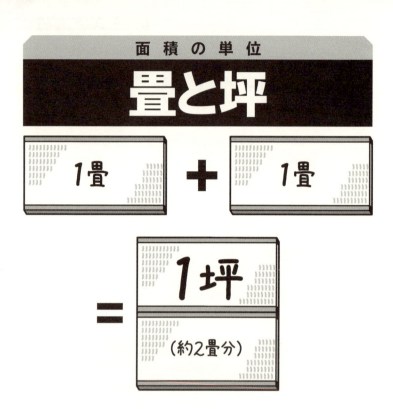

どこで使われている？

　畳は訓読みすると「たたみ」。今でも部屋の面積を表すときに使われます。和室のない家でも「○畳の子ども部屋」などと表現するのは日本人にとって畳1枚分の大きさがイメージしやすいからでしょう。坪は家屋や宅地の面積を表すのに使われます。畳2枚分と1坪はほぼ同じ面積、これも日本人には理解しやすい単位です。

どんな由来？ どうしてできた？

畳を部屋全体に敷くようになったのは書院造という建築様式が完成した室町時代です。そのため、畳の枚数で部屋の広さを表すようになったのは、それ以降と考えられます。最近では「畳」を使わずに「帖」と書くこともあります。

坪は日本生まれの単位で、国際単位の平方メートルが使われるまでは日本の面積単位の基本でした。1坪が約3.3平方メートルと定められたのは明治時代ですが、これは畳2畳分の広さとほぼ同じです。

さらに深く知る単位の話

いろいろな大きさの畳と坪

畳の面積は、同じ日本でも地域によって異なります。関東から東北・北海道は約1.55平方メートル、北陸・東海は約1.66平方メートル、関西より西では1.82平方メートル。集合住宅用の団地では約1.45平方メートルです。

一方、坪は、実は小さなものの大きさ（面積）を示すときにも使われます。金箔や織物などは1寸（約3.03センチ）四方の面積を「1寸坪」といいます。革製品は一辺が1尺（約30.3センチ）で「1尺坪」となります。

立方メートル 体積の単位 m³

どこで使われている？

　SI単位系で体積を表すのは立方メートルですが、面積を表す平方メートルほど見かけません。必ず立方メートルを使っているのは、水道・下水道使用量やガスの使用量です。それぞれ使用量の欄に「m³」の数値が記されています。そこから料金が割り出され（従量料金）、基本料金が足されて、請求金額が決まります。

どんな由来？ どうしてできた？

　立方メートルも平方メートルと同じく、メートル法が成立するとともに使われるようになりました。

　立方メートルもまた組立単位になります。ただ、平方メートルがほかの面積を表す単位に勝ち、今では面積を表記するには最適とされているのに対して、体積を表す立方メートルはそこまで浸透していません。体積は「縦×横×高さ」で計算されるため、飲み物のリットルや石油のバレルよりイメージしにくいと思われてしまっているためでしょう。

さらに深く知る単位の話

立方メートルとリットルは兄弟

　立方メートルより目にすることの多い「リットル」ですが、もともと立方メートルと同じところから生まれています。1リットルは1立方デシメートルのことです。デシ（d）は10分の1ですから、一辺が0.1メートルの立方体の体積です。センチメートルで表すと10センチメートルの3乗で、1000立方センチメートル。これが1リットルになります。つまり、立方メートルもリットルも同じ根から咲いた花なのです。

計算すると大きな数値になる立方メートル

「立方」の付く場所で形が変わる

　立方は3乗のことです。「2メートル立方」というと1辺が2メートルの立方体を指します。

　同時に、立方は単位を3乗することも指します。つまり「2立方メートル」は、縦、横、高さ(メートル)をかけて「2」になったということです。

　なお、「2メートル立方」の体積は8立方メートルになります。

1辺が10分の1だと体積は？

　水泳連盟公認の短水路で、縦25メートル、横10メートル、深さ1メートルのプールがあるとします(長さ50メートルの長水路だと横14メートル・深さ1.35メートル以上)。このプールの体積は250立方メートルです。縦横深さが10分の1(2.5メートル、1メートル、0.1メートル)の体積は0.25立方メートル。つまり1000分の1になります。

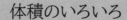

体積のいろいろ

→ **0.000015 m³**

大さじ一杯
料理番組で「大さじ1杯」というとき15ミリリットルのことを指します。

約 0.0018 m³ ←

1升瓶
お酒などの入っている1升瓶は1.8リットルですから、1800ミリリットルになります。

→ **0.164 m³**

石油1バレル（イギリス）
石油を量る1バレルはアメリカとイギリスでは異なりますが、イギリスは約164リットルです。

体積の単位
リットル L

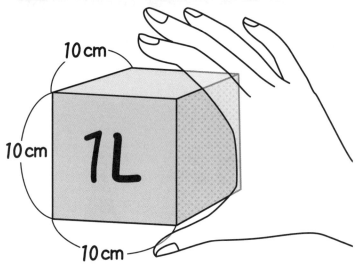

1リットル=1辺10センチの立方体の体積

どこで使われている？

リットルといえば、まず飲料が思い浮かびます。1リットルパックの牛乳やお茶などはおなじみでしょう。洗剤や灯油、ガソリンもリットルで表します。ポットなどの容量はもちろん、冷蔵庫の体積もリットルで表示されますが、これはリットルが立方センチメートルと立方メートルの中間を示すのに手頃な単位だからです。

Part. 3 常識として知っておきたい単位

どんな由来？ どうしてできた？

リットルはフランスの伝統的な単位リトロンがルーツ。18世紀末に成立したメートル法により1リットルは1辺10センチの立方体の体積と定められました。かつて日本ではリットルを筆記体の「ℓ」で表していましたが、国際的なルールにならい、1979年からは活字体の「L」が使われています。小文字の「l」は数字の「1」と見分けにくく、大文字を用いる国が増えたためです。ちなみにアメリカやイギリスでは「リッター」と発音します。

さらに深く知る単位の話

ミリリットルと立方センチとccの関係

1リットルは1000ミリリットルです。ドレッシングやシャンプーなどの内容量を見ると、リットルの10分の1を表す「デシリットル」ではなくミリリットルで表記されています。

一方、料理で使う計量カップやスプーンの単位は「cc」となっています。このccは何でしょう。実は、これは英語の「cubic centimetre」の頭文字。つまり、立方センチメートルのことなのです。ただし、ccという単位記号は日本以外の国では使われていません。

体積の単位
ガロン

gal

どこで使われている？

　ガロンはイギリスやアメリカで使われる液体の量の単位です。飲料はもちろん、ガソリンの量を表すときも使われます。ただし、国、地域などでガロンの量は変化します。また、ワイン、ビール、穀物など用途により異なる場合もあります。カウボーイがかぶっているテンガロンハットの由来は、大量（10ガロン）の水が入る帽子です。

常識として知っておきたい単位

Part. 3

 どんな由来？　どうしてできた？

　ガロンの由来は酒樽を意味するラテン語。15世紀末のイングランド王が定めた単位です。ヘンリー7世は、麦100トロイオンス（当時の重量単位）を1ガロンとしました。しかし、この基準は徹底されず、ワインガロン、ビールガロン、穀物ガロンなど測る物によってさまざまなガロンが生まれました。

　1824年、イギリス政府は1ガロンを約4.5 Lに統一しますが、未だアメリカの1ガロンは約3.8 Lです。日本で用いられるのは、米ガロンです。

さらに深く知る単位の話

ガロンを分割すると……

　ガロンは酒樽が由来ですから、暮らしの中で使う飲料の単位としては、少し大き過ぎます。そこで、ガロンを分割した単位ができました。1ガロンの4分の1は1クォート。さらに1クォートの半分は1パイントです。アメリカではクォートサイズの水や牛乳が売られています。なお、沖縄で売っている1リットルパックの牛乳の内容量は946ミリリットル。実は1クォート入りなのです。これは沖縄がアメリカに占領されていた名残といえます。

体積の単位
バレル

 どこで使われている？

　バレルは、原油やガソリンなどの石油製品の取引で使われる体積の単位です。小麦粉やセメント、ビールやワインなどを測るときにも使われます。さらにアメリカでは何を測るかによって１バレルの量が異なります。果実・野菜などと肉ではバレルの定義は異なります。ただし、国際的に通用する単位は石油用のバレルだけです。

Part.3 常識として知っておきたい単位

 どんな由来？　どうしてできた？

バレルは英語で胴がふくらんだ樽を意味します。欧州では、ニシンやバター、ワインなどを運ぶときに樽を使いました。19世紀、アメリカで原油が掘られるようになると、液体の原油は樽に詰めて運搬されるようになりました。樽には50ガロンの原油が入りましたが、目的地に着くと、漏れたり蒸発したりして必ず減っていました。そのため1866年、ペンシルバニア州の石油生産者たちが1バレルは42ガロン、約159リットルと定めたのです。

さらに深く知る単位の話

量や価格、労働力も樽で測る？

かつて欧州では、ワインも果実も小麦粉も樽で貯蔵し、運搬していました。売買における計量や価格、課税も1樽分が基準でした。1バレルの原油を灯油用のポリ容器（18 L）に移すと9つ分。1バレルの原油の入った樽は約135キロです。

樽の大きさは材質や形状などを考えると、現在の一般的なドラム缶（200 L）とそれほど変わらないでしょう。労働者1人がなんとか取り扱えるサイズと重さが1バレルということになります。

体積の単位

石と斗と升と合

🌐 どこで使われている？

　石、斗、升、合はいずれもお米を量るのに使われる単位です。といっても、今では「石」はほとんど使われていません。「斗」も一斗缶という名称が残っているぐらい。「升」はお酒や醤油を入れる一升瓶が使われています。最も暮らしの中で使われている単位は「合」です。お米を炊くときなど「今日は2合ね」と普通に使っています。

どんな由来？ どうしてできた？

「升」の単位は、701年の大宝律令ができたときから使われはじめました。でも、地域によってばらばら。そこで、1升を量るための枡を統一したのが豊臣秀吉でした。このときの枡は京枡と呼ばれました。

しかしその枡もいつしか大きさがまちまちとなり、江戸幕府が改めて大きさを統一することにします。枡の底面が4寸9分四方、深さが2寸7分。センチメートルに直して計算すると、約1803.9立方センチメートル、約1.8リットルになります。

さらに深く知る単位の話

10倍ずつで単位が変わる

1升の10分の1が1合です。また、1升の10倍が1斗、さらにその10倍が1石ということになります。昔はお米を俵に入れて運んだり、貯蔵していました。その米俵は1つで60キログラムになります。米俵2.5個が「1石」といわれ、大人が1年間に食べる量といわれました。江戸時代の藩の大きさはお米の取れ高、つまり石数によって表されます。

石川県にあった前田家を藩主とする加賀藩は加賀百万石と呼ばれ、大きな力をもっていました。

使われなくても言葉で残る単位

「合」の下は「勺」

炊飯器に付いている計量カップは1合が主流ですが、さらに小さな単位に「勺」があります。1勺は1合の10分の1、約18立方センチメートルです。勺は「しゃく」と読みますが、もともとお酒や汁を飲むための「柄杓」のことでした。

漢字の「勺」はまさに柄杓のようなもので汁をくんでいる様子を表しています。

「斗」は酒樽に使われている

お祭りやお祝いごとで、酒樽の蓋を何人かが木槌で叩き割る鏡開きを行うことがあります。この酒樽は四斗樽といい4斗の酒が入っています。1斗が約18リットルですから約72リットル。かなりの量が入ります。昔は石油などは1斗缶に入れられていましたが、今では18リットルではなく20リットル缶が使われることが多いようです。

体積のいろいろ

180390 m³

百万石

加賀藩の次に大きかったのは薩摩藩(鹿児島)で72.8万石、3位は仙台藩でした(62万石)。

約722 cm³

玄米四合

宮澤賢治「雨ニモマケズ」に「一日ニ玄米四合」とあります。ご飯で満腹にしたのです。

約1800 cm³

1升徳利

1升徳利に2升は入らぬ、ということわざがあります。能力以上のことをしても無駄の意です。

世界のマイナーな単位 ③

面 積

の単位

デシ

皮革を使ってコートやカバンなどを作る際、素材の大きさが1枚1枚違うので、布生地のようには測れません。そこで10センチメートル四方の正方形を1デシ（DS）として皮革1枚ずつの面積を決めています。

せ

田畑の大きさとして使われていました。1畝は30坪ですから約99.2平方メートル、ほぼ1アールです。10畝が1段（反）で、こちらは0.1ヘクタールに相当します。換算しやすいため、畝や段（反）は使われなくなりました。

b
バーン

1バーンは10の－28乗平方メートル。これでいったい何を表すのかというと、原子核が衝突したときの断面積です。それだけでは意味がありませんが、その数値から原子核の分裂といった反応の確率が算出できるのです。

Part. 4

暮らしに欠かせない単位

時間の単位
秒と分と時間

🌐 どこで使われている？

　秒を争うといえば陸上100メートル走。日本人選手が初めて10秒を切ったのは2017年でした（桐生祥秀選手の9秒98）。その後、サニブラウン・アブデル・ハキーム選手も9秒97を出し、小池祐貴選手も9秒98をマーク。今後も10秒を切る日本人選手が増えてくると期待されています。現在（2019年）世界記録はウサイン・ボルト選手（ジャマイカ）の9秒58。

Part. 4 暮らしに欠かせない単位

 どんな由来？ どうしてできた？

もともと秒も分も時間も、1日の長さから作られました。1日を24等分したものが1時間、それを60等分したのが1分、さらに60等分したのが1秒です。「日→時間→分→秒」の順に決められました。「どうして10等分じゃないの？」と疑問に思うでしょう。

太陽の周期を考える際、12進法を用いて360等分すると便利だったのです（10より12の方が約数が多いから）。それで時間は12の倍数で表すようになり、今もそれを用いています。

さらに深く知る単位の話

より厳密な「秒」を作り出す

1日の長さから作ったため、1秒は1日の1／86400と決められていました。ところが時代が進むと地球の自転速度は一定でないとわかってきました。そこで次は、地球の公転速度、つまり1年間の長さから1秒を計算することになります。

しかし、これも微妙にズレが生じます。ついにはセシウム133という物質の原子の振動する周波数から1秒を決めることにしました（1967年）。セシウムを使った時計の誤差は200万年に1秒といわれます。

時間の単位
日と週と月と年

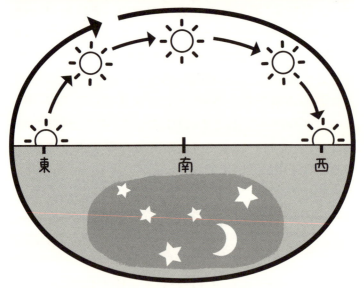

太陽が真南に来てから、翌日また真南に来るまでを「1日」とした。

どこで使われている？

　私たちが暮らしで当たり前に使っている「1日」「1週間」「1ヵ月」「1年」という単位。「今日1日、何をしよう」とか「来週の予定は？」とか、生活の中でこれらの単位に触れない日はないぐらいでしょう。周りを見渡しても、スケジュール表、日めくりの暦、カレンダー、どこにでも「日」「週」「月」「年」を見かけます。

Part. 4 暮らしに欠かせない単位

 どんな由来？　どうしてできた？

　もともとは太陽が真南に来たときから、翌日また真南に来るまでが「1日」でした。

「週」はどう決まったか。1週間が7日になったのにはいくつか説があります。「旧約聖書」で神様が6日間は天地創造を行い、7日目に休息したことから取ったという説、新月から半月までがほぼ7日間、さらに7日で満月となるからという説などです。

　月は、太陽暦になったときに地球の公転を1年として、それを12等分したものが1ヵ月となりました。

さらに深く知る単位の話

うるう年でも誤差が生まれる？

　1年間は正確には約365.2422日。つまり、0.2422日多いため、それを4年分まとめた0.969日を1日と計算したのがうるう年です。しかし、よく見ると、うるう年で調整すると今度は0.031日分多くなっています。400年間では（うるう年を100回経ると）約3日間増えてしまいます。これを調整するため、400年に3回はうるう年を抜くことになったのです。16世紀後半、ローマ教皇グレゴリオが定めたため、これをグレゴリオ暦と呼びます。

速さの単位
キロメートル毎時

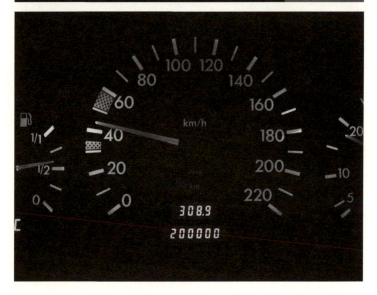

 どこで使われている？

　プロ野球の投手の投げる球を「150km/h」と表したりします。ボールの速さが「150キロメートル毎時」、つまり「時速150キロメートル」ということです。新幹線が開通した1964年、「はしれ！ ちょうとっきゅう」という歌が作られ、「時速250キロ」という歌詞がありました（実際は時速210キロ）。今は最高時速320キロまで出ます。

どんな由来？ どうしてできた？

　基本となるのは「メートル毎秒」という組立単位です。1秒間にどれだけの距離移動したかを表します。移動距離（メートル）を時間（秒）で割った数値です。ただ、新幹線など乗り物はほとんど速度を時速で表しますので、比較するためにも時速としているのです。時速250キロメートルは秒速69メートル。これではイメージがわかないでしょう。

　ちなみに人間の歩く速さは1分間に80メートルほど。時速にすると4.8キロメートルです。

さらに深く知る単位の話

速度と時間、距離の関係

　移動した距離をかかった時間で割れば、速度になります。時間が秒ならば秒速、時間なら時速です。次に、乗り物の速度がわかれば、時間内に移動した距離（時間×速度）、その距離を移動するために必要な時間（距離÷速度）も計算することができます。ここで注意しなくてはならないのが「単位」を同一にすることです。速度がキロメートル毎時なら、時間は秒や分ではなく時間、距離はキロメートルに直して計算します。

速度表記は比較しやすい形で表す

異種競技も比べやすくなる

　スピードは秒速や分速、時速で表しますが、陸上競技などは、一定の距離を移動するのにかかった時間で比較します。100メートル走では「10秒」や、マラソン（42.195キロメートル）なら「2時間10分」などです。

　100メートル走10秒という記録を時速で表すと36キロメートル、マラソン2時間10分の記録は時速19キロメートルになります。

かかった分で表す「駅からの距離」は？

　不動産広告などで「駅から○分」とありますが、これもイメージしやすく、比較しやすい表記にしているのでしょう。ただ、業界の取り決めを知っておかなくてはなりません。歩くスピードは分速80メートルが基準です。駅から10分なら「800メートル」になります。そして直線距離ではなく道路を歩いて、現地に到着するまでの時間です。

速度のいろいろ

110 km/h

チーター
　走るのが最速の動物チータは秒速だと 30 メートル。人間とは桁違いの速さです。

165 km/h

大谷翔平投手の球速
　2016 年に大谷翔平選手の投げた時速 165 キロメートルが日本最速です（2019 年現在）。

370 km/h

F1
　新幹線より速いのですが、リニア新幹線（時速 500 キロメートル）よりは遅くなります。

速さの単位
ノット

kt

28秒間に結び目（ノット）がいくつ繰り出されるかが速度の基準となった。

どこで使われている？

　ノットは船舶、そして航空図を用いて飛行する航空機の速度を表す単位です。また、気象観測にも使われます。天気図をよく見ると、〇印に羽根のような矢印がついた記号があります。これがノットの記号で、長い羽根は10ノット、短い羽根は5ノットの風速を表します。なお、海流や潮流の速さもノットで示されるのです。

どんな由来？ どうしてできた？

　ノットは、英語で「結び目」を意味します。これは、16世紀の中頃、ロープに一定の間隔で結び目をつけたハンドログという道具を船尾から海にたらして船の速度を測ったことに由来しています。砂時計の砂が落ち切る28秒間に結び目がいくつ繰り出されるかが速度の基準でした。

　現在は、電磁ログ、音の周波数を用いるドップラーソナー、人工衛星などが測定に使われます。1ノットは毎時1海里。つまり、時速1852メートルになります。

さらに深く知る単位の話

メカジキは船舶の3倍のスピードで泳ぐ

　現在、通常の船舶の速度は30ノット程度が限界といわれています。1807年建造の蒸気船クラーモント号はニューヨークからハドソン川上流のオルバニーまでの150マイルを32時間（約4～5ノット）で航海しました。北大西洋横断の最速記録保持船としてブルーリボン賞を受賞したユナイテッド・ステーツ号は1952年の建造ですが、最高速度は38ノットでした。

　ちなみに、メカジキが泳ぐスピードは約54ノット（時速約100キロ）です。

速さの単位

マッハ

 どこで使われている？

　マッハは、正確には「マッハ数」という数値で、単位ではありません。モノが動く速さを音の速度と比較して表しているのです。音の振動が伝わる速さがマッハ1ですが、物体の性質、空間の密度や温度、圧力により音の伝わる速度は異なります。ただ、飛行機、ロケット、弾丸、宇宙船などの速さを表すのにマッハを使っています。

どんな由来？ どうしてできた？

マッハは、19世紀〜20世紀初頭にかけて活躍したオーストリアの物理学者の名に由来します。

エルンスト・マッハは、空気中を動く物体が音速を超えると衝撃波が生じることを実証しました。その業績にちなんで超音速をマッハで表すようになったのです。

音より速いものとしては光があげられます。17世紀には、すでにデンマークの天文学者オーレ・レーマーが木星の衛星の動きから世界で初めて光の速さを測定しています。

さらに深く知る単位の話

地球で最速。マッハ33の乗り物は？

物体の速さと音速の比がマッハ数です。普通のジェット機はマッハ0.8ほどです。かつてフランスとイギリスが共同開発した超音速旅客機コンコルドはマッハ2で飛んでいました。地球上の乗り物で一番速いのは、1970年にアメリカが打ち上げた宇宙船アポロ13号。地球の重力を振り切り、月を目指して宇宙空間に飛び出した時の速度はマッハ33を記録しました。

ちなみに、鉄腕アトムのジェット噴射による飛行の最高速度はマッハ10だそうです。

明るさの単位
カンデラ

 どこで使われている？

　国際単位の7つの基本単位の1つですが、日常生活ではあまり聞くことがありません。「光度」の単位であるカンデラより、照明などで使われる「照度」の単位ルクス（lx）の方が一般的かもしれません。照明そのものの明るさがカンデラで示され、その光が私たちの手元に届いて、本を照らす明るさがルクスなのです。

どんな由来？ どうしてできた？

　古くは1本のローソクの明るさを1単位、「1燭(しょく)」としていました。それでは曖昧なので、1937年に白金を人工原器とし、その凝固点温度での輝きを単位としました。これは、ローソク1本の明るさに近いものを選んだものです。

　カンデラとはラテン語ではローソクを指し、キャンドルなどと語源は一緒です。今は白金ではなく、ある周波数の単色放射を放出する光源が、一定の角度に一定の強さの光を放つ光度ということになります。

さらに深く知る単位の話

隠れたところで使われるカンデラ

　あまり聞かないからといって、身の回りに使われないわけではありません。むしろ大切な部分で使われています。たとえば、自動車のヘッドライトは1つのライトについて「1万5000カンデラ以上、43万カンデラ以下」という規制があります。暗すぎても明るすぎてもいけないということです。テールライトなどは「300カンデラ以下」と決められています。1カンデラがローソク1本分ですから、かなり明るくなくてはいけません。

明るさを数値で表すことの難しさ

ローソクとの比較は？

　ローソク1本分が1カンデラと決めても、ほかの光源がローソク何本分かは、どうやって測定したのでしょう。ドイツの物理学者ランベルトは、照らす面の明るさは光源からの距離の2乗に反比例することを発見しました。

　白壁の前に衝立を置き、2つの光源を動かして壁に影を作り、光源から壁までの距離を測定して光度を測ったのです。

人の視覚も基準の一つに

　カンデラの定義で「ある周波数」と書きましたが、これは「波長555ナノメートル」です。実は、人間の目は380〜780ナノメートルの波長しか認識できません。それ以下は紫外線、それ以上は赤外線で、人間の目では感じ取れないのです。この見える範囲で最も明るいと感じるのが波長の555ナノメートルです。この波長の光は黄緑色になります。

明るさのいろいろ

3.15×10^{27} cd

太陽

　星などの明るさを表すときに、太陽の光度を基準にすることがあります（天文学的光度）。

6.5×10^{15} cd

月

　月の光度もかなりのものです。街灯のない時代は月の明かりだけを頼りに歩いていました。

160万 cd

室戸岬灯台

　日本の灯台の中で一番光度の高いのが高知県の室戸岬灯台です。

明るさの単位
ルーメンとルクス

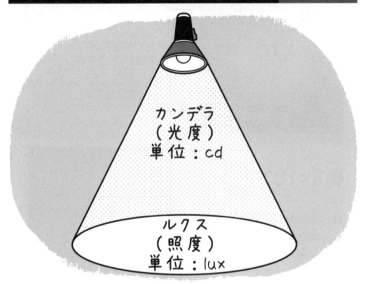

 どこで使われている？

ルーメンは光源から特定の範囲に放射された光束の量、ルクスは光に照らされた面の明るさを示す単位です。電球、蛍光灯、街灯、プロジェクターなどの明るさを表します。机の上、コンビニ、野球のスタジアムなどの明るさはルクスを用いるのが一般的です。教室や地下鉄のホームは最低限必要な明るさの基準が定められています。

どんな由来？ どうしてできた？

ルーメンもルクスも光を意味するラテン語です。これらの単位が国際的になったのは1948年の国際度量衡総会。光の強さを表すカンデラとともに定められました。ルーメンは光の量を表し、より生活に密着した明るさはルクスが用いられます。

1ルーメンは1カンデラの光源から1ステラジアン（球の半径の平方と同面積の球面状の立体角）内に放たれる光束。1ルクスは1平方メートルの面を1ルーメンの光で照らしたときの照度です。

さらに深く知る単位の話

LED電球の明るさ

電球の明るさを表すとき、多くの人は「ワット」を使います。しかし、実はワットは電球の消費電力を示す指標です。だから、同じワット数でも白熱灯より蛍光灯のほうが明るいのです。白熱電球よりも消費電力が少ないLED電球やLED照明はワット数で明るさを表すことが困難です。以前は「○W形相当」という表示がありましたが、現在はルーメン値に統一されています。ＬＥＤ電球が白熱電球より経済的なのは消費電力が少ないからです。

明るさの単位
等級

 どこで使われている？

　誰しも夜空の星をながめて、星座を探した経験があるでしょう。星座にはたいてい明るい星が1つか2つあり、目印になっています。最も明るい星が1等星ですが、この「1等」というのが等級です。1等から6等まであり、数字が少ない方が明るいのです。空を見上げて星の明るさを比べていると、ロマンチックな気分にひたれるはず。

Part. 4 暮らしに欠かせない単位

 どんな由来？　どうしてできた？

　星の等級が決められたのは、紀元前のことです。古代ギリシアのヒッパルコスが肉眼で見て最も明るい星を1等星、何とか見えるぐらいの星を6等星としました。1等星は20個だったようです。

　19世紀イギリスの天文学者ハーシェルが、ヒッパルコスの定めた1等星の明るさが6等星の100倍だと気づきます。それを受けて、やはりイギリスの天文学者ポグソンが、等級が1つ上がるごとに明るさは約2.5倍になると定義したのです。

さらに深く知る単位の話

視等級（実視等級）と絶対等級

　普通に「アンタレス（さそり座）は1等星である」という場合、これは目で見て判断された等級です（視等級といいます）。地球から遠いほど明るさは減少し、近ければ明るさは増します。

　ただ、何百光年と離れた星にも明るいものがあります。視等級と地球との距離から算出したのが絶対等級です。絶対等級だと太陽は4.8等級、アンタレスは−5.2等級で、実はアンタレスのほうが明るいのです。

肉眼で見られる等級の違い

ヒッパルコスの見ていた星は

　現在、1等星は21個あります。1等星とは視等級1.5未満のものすべてが入ります。2等星は1.5以上、2.5未満です。古代ギリシアのヒッパルコスが1等星に分類した20個の星については、ほとんどわかっていません。現在の21個と重なっていたのかどうか、今は2等星になっている星も含まれていたのかどうか。この謎も興味深いものです。

オリオン座の星たち

　恒星で最も明るいのは、おおいぬ座のシリウス。視等級が－1.46で、絶対等級のほうが1.43となっているのは、距離がそれほど遠くないためです（8.6光年）。また、オリオン座は冬の空に見られ、リゲル（0.13等級、オリオンの左足）、ベテルギウス（0.42〜1.2等級、オリオンの右肩）など明るい星が並ぶため、鮮烈な印象を与えます。

明るさのいろいろ

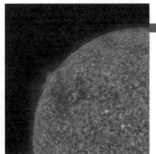

太陽

　太陽系では太陽が最も明るい星ですが、宇宙内では太陽より明るい星がたくさんあります。

月

　この視等級は満月のものです。半月でも10等級ほどの明るさがあります。

金星

　昔から「宵の明星」「明けの明星」といわれるほど、明るい星です。

電流の単位
アンペア　A

どこで使われている？

アンペアは電気の流れる量を示す単位です。電球、炊飯器、ドライヤー、電子レンジなどに流れる電流の大きさを表します。家庭で使う電気量は電気会社との契約によって決められている（平均は30アンペア）ため、そのアンペア数を超えるとブレーカーは落ちてしまいます。一度に使えるアンペア数はブレーカーに表示されています。

Part. 4 暮らしに欠かせない単位

どんな由来？ どうしてできた？

単位は、そのモノが測定できなくてはなりません。電流は1840年、磁気作用を利用して開発されたウェーバーの正接電流計で初めて測定されました。しかし、電流の単位は、測定の仕方などでさまざまなものが用いられました。アンペアが第1回国際会議で電流の単位として制定されたのは1881年。現在の定義が定められたのは1948年です。なおアンペアという名称は、1820年に電流に関する法則を発見した物理学者アンペールにちなんでいます。

さらに深く知る単位の話

アンペアは引力から定義された

アンペアの定義は複雑です。2本の導線に電気を流すと、電流が同じ方向の場合は引力が、逆方向の場合は反発力が働きますが、アンペアの定義はこの引力から定められました。なぜ、引力から定義したかというと、そもそも電気の量が定められていなかったからです。しかし、今では電子一個が帯びている電気の量（電気素量）も測定できるようになったことから、2019年、この電気素量（e）からアンペアを求めることになりました。

電圧の単位
ボルト
V

どこで使われている？

どの電化製品にも「V」の表示があるはずです。ルームエアコン、冷蔵庫、電気スタンド、コンセントから電気を引くものは 100 V と、電池を入れるものは「1.5 V」などと書かれているはずです。これらの電化製品は「100 V までの電圧で使えますよ」という意味です。この表記を守らないと火災などを引き起こすことがあります。

part. 4

暮らしに欠かせない単位

 どんな由来？　どうしてできた？

ボルトという単位名は、1800年に電池を生み出したイタリアの物理学者ボルタの名前から付けられました。ただ、当時「電圧」という概念はまだなく、ドイツの物理学者オームが電流と電圧、抵抗の関係を明らかにした後、1881年に国際電気会議において電圧が実用単位として認められたのです。

人名を元にした固有の名称を持つ組立単位なので(「発熱量＝電流×電圧」から求められる)、大文字のVで表されます。

さらに深く知る単位の話

初期の電圧の表記

イタリアのボルタの作った電池の1つは、塩水を入れた器を数個用意し、両端に亜鉛板と銅版のついた薄く細い金属板で、すべての器をつなげていったものです。後の実験家たちは、電極板の大きさを変えるなど独自の工夫を凝らします。電圧という概念も作られ、初期の電圧1単位はボルタ電池1個分とされていました。単位として統一はされていませんが、個人にちなんだ単位として「ボルト（V）」につながっていきます。

Vの雑学

利用する電気の「電圧」はいろいろ

発電所からは50万V

火力発電所、水力発電所などで作られた電気は超高圧変電所に送られますが、このときは50万ボルトもの高圧です。これが、さらに一次変電所や二次変電所を経るごとに電圧を下げられ、配電用変電所から各家庭用に送られるときは6600ボルトになっています。ここから住宅に送電するには変圧器を通して100ボルトに落としています。

電圧は国によって異なる

日本で標準となっている電圧100 Vは、世界的にみると小さいほうです。たとえばイギリスは240 V、オーストラリアは220〜240 V、中国は220 Vとなっています。電流は電圧が高いほどいいように感じますが、感電しやすいというデメリットがあります。ただ、同じ電力量なら高電圧のほうが電流が少なくて済むので経済的だという考え方もあります。

電圧のいろいろ

# **1.5 v**

乾電池
アルカリ電池とマンガン電池があり、アルカリ電池の方が長持ちします。

3 v

ボタン電池
ボタン型の小さな電池。表に刻印された数字は形や大きさ、厚さなどを示しています。

 **50-200 v**

ソーラーパネル
1枚ずつの電圧は低いのですが、直列に並べて大きな電圧を得るようになっています。

電力の単位
ワット

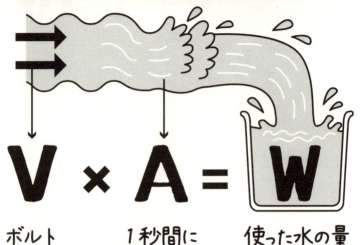

V × A = W

ボルト　　1秒間に　　使った水の量
　　　　　流れる水の量

どこで使われている？

　ワットは、電流と電圧の関係によって表される電力の単位で、電化製品などに用いられます。電子レンジ、トースター、給湯器、ドライヤーなどの消費電力はワットで表されます。ワット数は電流（A）×電圧（V）で計算することができ、この値が大きいほど電気料金は高くなります。

Part. 4 暮らしに欠かせない単位

どんな由来？ どうしてできた？

　ワットは、実は仕事の能率の単位です。重いモノを別の場所まで動かすときの効率を示すために考えられました。最初、仕事率は馬を用いた場合の「馬力」で表しましたが、モノは電気を使っても動かせます。そこで、ワットという単位が使われるようになったのです。名称は蒸気機関を発明したジェームズ・ワットに由来します。1ワットが「1ボルトの電圧で1アンペアの電流が流れている場合の仕事率」と定めたのは1889年のパリ会議でした。

さらに深く知る単位の話

人間の仕事をワットに換算すると……

　ワットは時間あたりの仕事率、あるいはエネルギー量を示す単位ですから、その量から「仕事」の大きさも判断できます。1ワットは1秒間に100グラム程度の重りを1メートル持ち上げる仕事率です。これなら私たち人間にも可能です。ただし、家電の消費電力から、その仕事ぶりをみると、テレビは20〜500ワット、電子レンジだと1000〜1400ワットの仕事をしていることになります。やはり、電気の力はすごいのです。

電気抵抗の単位
オーム
Ω

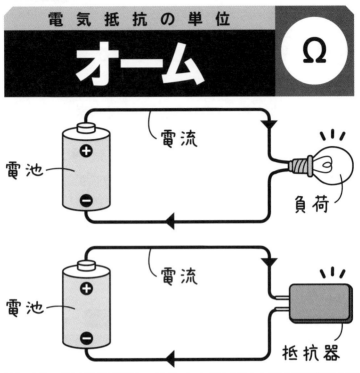

流れる電気の量を抵抗器が調整してくれることで、私たちはさまざまな電化製品を活用できている。

どこで使われている？

物質には電気を流れにくくする力があります。テレビ、ラジオ、カメラ、スピーカーなど電化製品は、この電気抵抗を利用して電気の量を調整しています。オームは、そうした抵抗力の尺度を示す単位です。抵抗の大きさは、物質の種類とサイズによって異なりますが、電化製品を製造する際には必ずオームという単位が必要になります。

Part. 4 暮らしに欠かせない単位

 どんな由来？ どうしてできた？

電流（A）＝電圧（V）÷抵抗（Ω）という「オームの法則」を生み出したのは、ドイツの物理学者オームです。電流の研究をしていたオームは、針金を長くすればするほど流れる電流が少なくなることに気づき、これが電気抵抗のためであることを証明しました。オームの単位記号は、本来なら「O」とすべきですが、数字の「0」と混同とやすいため、ギリシア文字でアルファベットの「O」にあたる「Ω」（オメガ）を用いています。

さらに深く知る単位の話
コンピュータに不可欠なオームの力

1ボルトの電圧を加えたとき1アンペアの電流が流れる抵抗が1オームです。電化製品などの部品に使われる材料には、銅や鉄のように電気を通しやすい「導体」と、ガラスやゴムのように電気を通さない「絶縁体」があります。電気の量を調整するための抵抗器には、導体の中では電気を通しにくいカーボンやゲルマニウムなどの「半導体」が使われます。半導体は、スマホ、自動運転、ロボット、ロケットなどIT産業には欠かせません。

周波数の単位
ヘルツ

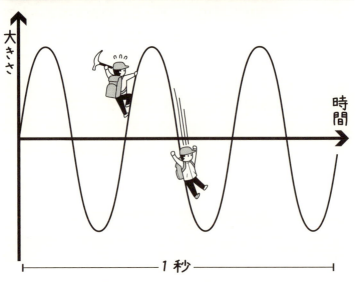

周波数とは、1秒間にくり返す波の数のこと。

どこで使われている？

　ヘルツは周波数の単位で、波のように伝わる音や電波、電磁波の振動回数を表します。ラジオの周波数は放送局により異なりますが、電波の届く距離が限られているため、同じ放送局でも周波数が異なることもあります。テレビ放送の周波数は1ヘルツの100万倍のメガヘルツ単位になります。ふつうの人の会話は100〜1000ヘルツほどです。

Part. 4 暮らしに欠かせない単位

 どんな由来？ どうしてできた？

　音や電波は波の一種です。ヘルツという単位名は、電気の波である電磁波の存在を証明したドイツの物理学者から取られました。1960年、国際的に単位として認められたのです。

　電磁波の研究により、テレビ・ラジオ放送、インターネットなども発展したといえます。テレビの映像や音も電波で伝わりますが、衛星放送はテレビの地上波とは周波数が大きく異なります。魚群探知機は、魚の群れが発した音波を頼りに魚を見つけ出します。

さらに深く知る単位の話

東京で買った家電が大阪では使えない？

　1秒間の振動数が1回のとき、それを1ヘルツといいます。それぞれの家に届く電気の周波数もヘルツで表されますが、日本国内でも東と西では周波数が異なります。これは明治時代、発電機が日本に入ってきたとき、東日本では50ヘルツのドイツ製が、西日本では60ヘルツのフランス製が使われ、そのまま電力のネットワークができてしまったからです。そのため、東京で買ったヘアドライヤーが大阪では使えないということになるのです。

音の単位
デシベル dB

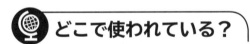 どこで使われている？

　工事現場などで数字を表示する電光掲示板を見たことがあるでしょう。「騒音」を表すもので「dB」の前に数字が示されています。これは工事の音がどれぐらいかを示すもので、大型車が走る音が 80 dB ぐらいです。また、振動についても「dB」で表示されています。地震で軽震といわれるわずかに感じる揺れは 70 dB ぐらいです。

どんな由来？ どうしてできた？

　デシベルの「デシ」はデシリットルの「デシ」です。つまり 10 分の 1 という接頭語。もとをたどれば、電話を発明したアメリカの物理学者ベルが、電話で話す際に声（音）の圧力を数値として示す必要があり、開発した単位です。

　人間の耳が聞き取れる最小の音をゼロとして、そこからの比率を数字で表すようにしました。ただ、日常的に使用するには数値がとても小さくなるので、10 分の 1 にして表示しやすくしたわけです。

さらに深く知る単位の話

20 デシベルで 10 倍に

　音は空気が揺れて、その振動が波を描いて私たちの耳に届き、「音」として認識されます。ですから、音の波（音波）の圧力を測定すれば音の強さがわかってきます。

　なお、デシベルは波の圧力を表す単位ですから、音に限らず振動を表すことも可能です。デシベルの算出には対数を使っていますので、たとえば 40 デシベルと 60 デシベルの音があれば、数字は 1.5 倍でも、圧力の大きさは 10 倍になります。

騒音も振動も人間の感覚に近づけられる

騒音では「ホン」も

音の感じ方は音の強さだけでなく、周波数によっても違ってきます。デシベルが同じ値であっても、騒音に聞こえたり、そうでなかったりするのです。その周波数を加味してデシベルを調整し、数値化したのがホン(phon)です。以前は騒音にはホンが使われていましたが、今は周波数の違いを加味したことを意味する(A)をつけてデシベルを用いることが多くなっています。

振動を表すデシベルも調整させる

振動を表すデシベルも、最近は振幅の大きさや周波数から人間が受ける感覚を加味して表すようになっています。80デシベルだと「家屋が揺れ、戸や障子ががたがた音を立てる」ぐらい。90デシベルは「花瓶が倒れ、器の水があふれ、歩く人も感じられる」レベルです。なお、2011年の東日本大震災は110デシベル以上だといわれています。

暮らしに欠かせない単位

音の大きさのいろいろ

ささやき声

　小さな声で話す程度です。ホテルの室内もこれぐらいの静けさです。

普通の会話

　60デシベルを越えると、ファミリーレストランの店内の賑わいぐらいになってきます。

ジェット機の爆音

　パチンコ店内が90デシベル、電車が通るガード下は100デシベルほどです。

磁力の単位
テスラ

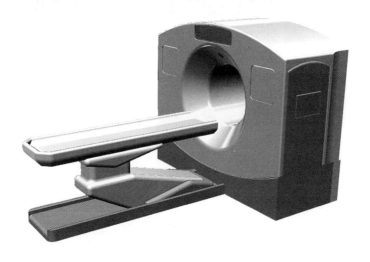

 どこで使われている？

　テスラは、単位面積あたりの磁力の大きさを表す単位です。磁力を用いた製品の機能やパワーを示すときに使われます。磁石を用いるスピーカーやモーターの部品をはじめ、ハードディスク、体の内部を撮影するMRI（磁気共鳴画像診断装置）、磁力で浮上・走行するリニアモーターカーなどにも用いられています。

Part. 4

暮らしに欠かせない単位

どんな由来？　どうしてできた？

テスラという単位名は、アメリカの電気技師の名に由来します。エジソンのライバルとしても知られ、電気モーターやラジオなどを発明しました。かつて磁力の大きさは「ガウス」という単位が使われていましたが、1960年、テスラが国際単位として認められました。

ちなみに、ガウスも電磁式電信機をつくったドイツの数学者の名前です。1平方センチメートルの面を持つ1テスラの磁石の面で、約4キログラムの物体を吸い付けることができます。

さらに深く知る単位の話

地球は巨大な磁石だった！

子どもの頃、磁石で遊んだことのない人はいないでしょう。学校で使う赤と青の棒磁石の磁力は約0.25テスラです。現在、最も強い磁石はネオジム磁石で、磁力は1.25テスラ程度。数センチの大きさで10キロ以上の物体を持ち上げることができます。この磁石はMRIやコンピュータのハードディスクに使われています。実は、この地球も0.4テスラの磁力を持っています。これは方位磁石が北を指すことで証明されます。

217

世界のマイナーな単位 ④

長さ

の単位②

ユカワ

原子核などの長さを表す単位で、1Y = 10のマイナス15乗メートル。名称は日本人初のノーベル賞受賞者の湯川秀樹から取られています。ややこしいのですが、1Yは下記の1F（フェルミ）と同じ長さを表現しています。

フェルミ

こちらはイタリアの物理学者フェルミの名にちなんで付けられました。ユカワと同じように原子核などを表す単位です。なお、フェルミは世界初の原子炉の製作者であり、湯川秀樹同様にノーベル賞受賞者でもあります。

オングストローム

太陽光のスペクトル線の波長を表す際に使います。虹の紫の光は約4000オングストローム。1mの100億分の1が1オングストロームです。この波長を測定したスウェーデンの物理学者の名前から取っています。

Part. 5

知っていると
インテリ感が増す単位

エネルギーの単位
カロリーとジュール

cal
J

カロリー（cal）

ジュール（J）

「1カロリー」は、1gの水の温度を1℃上昇させるのに必要な熱量。「1ジュール」は、地球上で約102g（みかん1個分）を1m持ち上げるのに必要なパワー。

🌏 どこで使われている？

　体重を気にしている人でなくとも、「カロリー」の語はよく耳にしているはずです。ラテン語の「カロル」（熱）から取られた単位で、食事、運動、最近は居酒屋のメニューにさえカロリー数が載っていたりします。一方、ジュールの方は聞き慣れないでしょう。でも、実際に国際単位として公的に認められているのはジュールのほうです。

part. 5

知っているとインテリ感が増す単位

 どんな由来？　どうしてできた？

　カロリーとジュールはともに19世紀後半に生まれ使われ始めました。1カロリーは水1グラムを1℃高くするのに必要なエネルギー。ジュールは外から働く力と動いた距離で算出されます。イギリスの物理学者ジュールがこの法則を発見しました。

　カロリーのほうが簡便ですから、まずカロリーが一般的となります。ただし問題がありました。水1グラムが1℃高めるのに必要なエネルギーは、その水の温度によってかなり違ってくるのです。

さらに深く知る単位の話

カロリーからジュールへの変更

　温度によって水を1℃上昇させるエネルギー量が変わるとわかって、国際度量衡総会は「カロリーはできるだけ使わず、ジュールを使うように」と決議しました。SI単位としてはジュールが認められ、カロリーは栄養学や生物学など特定の分野だけで使うことが認められてきました。そこで、使い慣れたカロリーを残すため、カロリーもジュールから算出するようになったのです。今では1カロリー＝1ジュールで計算されています。

シンプルゆえ使い勝手がいいカロリー

カロリーではなくキロカロリー

摂取する食べ物のカロリーにしても消費するカロリーにしても、私たちが把握できる単位はキロカロリー(kcal)。kcal の代わりに Cal と大文字を使ったりしていますが、これもややこしい表記だといえます。ジュールは気温などとは無関係なだけに普遍的な単位です。ただ、一般に広まっているカロリーは簡単に変えられないようです。

その食物、カロリーはどう決める？

ジュールの計測方法は想像できますが、目の前にある料理のカロリーはどう計測するのでしょう。

まず「炭水化物が何パーセント、たんぱく質が何パーセント」というように、その料理の食材が何で構成されているかを調べます。炭水化物を１グラム燃焼させるには４キロカロリー必要です。脂肪は９キロカロリー、たんぱく質は４キロカロリー。その食材の成分を計算して、全体のカロリーを割り出すわけです。

カロリーのいろいろ

235 kcal

茶碗1杯分のご飯
　炭水化物は量の割りにカロリーが高いのです。しかし、必要な栄養素でもあります。

332 kcal

サッカー30分
　30歳男性、身長170cm、体重60kgの場合です。案外少ないのに驚いたのではないでしょうか。

19 kcal

掃除機がけ15分
　30歳女性、身長160cm、体重50kgの場合です。ちょこちょこ動かないといけませんね。

圧力の単位
ヘクトパスカル hPa

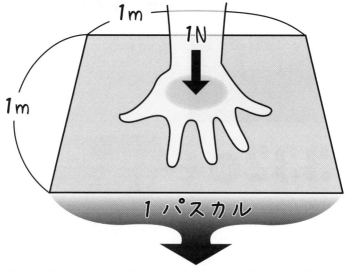

1平方メートルに1ニュートンの力がかかっているときの圧力が「1パスカル」。
※「1ニュートン」とは、1kgのものを毎秒1mずつ動かす力

どこで使われている？

　ヘクトパスカルはテレビの気象情報で耳にする大気圧の単位です。気圧は一言でいえば物体を押す力のことで、水銀気圧計で測る水銀柱ミリメートルやトール、バール、プサイなどの単位が古くから使われてきました。ヘクトパスカルの「ヘクト」は100倍の意味で、プロパンガスやタイヤの気圧は1000倍のキロパスカルで表します。

どんな由来？ どうしてできた？

　パスカルはフランスの科学者の名前です。大気圧の存在を発見し、「パスカルの原理」を見いだし、さらに「人間は考える葦である」という言葉を残したことでも知られています。かつて天気予報ではミリバールという単位が使われていましたが、世界気象機関（WMO）の決定に基づき、日本でも1992年からヘクトパスカルが使われています。

　パスカルに100倍の意のヘクトが冠されたのはミリバールと同じ大きさの単位になるからです。

さらに深く知る単位の話

日常生活の中にあるさまざまな気圧

　パスカルは水銀の入ったガラス管を山の麓と頂上で測り、気圧の存在を証明しました。「パスカルの原理」では密閉容器の中の気体や液体は一カ所に力が加えられると、すべての場所に同じ力が伝わるということを立証しました。実は私たちも暮らしの中で気圧を体験しています。ストローでジュースが飲めるのも吸盤が壁に吸い付くのも布団圧縮袋がしぼむのも気圧のせいです。風船が均等に膨らむことでもパスカルの原理は証明できます。

地震の規模の単位
マグニチュード

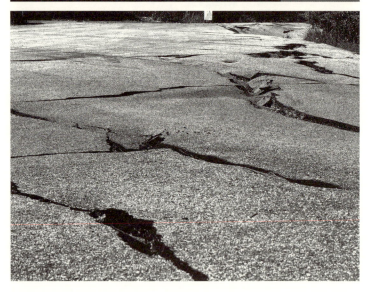

 どこで使われている？

　地震の揺れの大きさを示す震度に対して、そのエネルギーの大きさを示すのがマグニチュード。地殻変動の大きさを測ることで津波の予測も可能です。ただし、測定は困難で、計算式は国により異なります。ですから、マグニチュードはあくまで指標で、正確には単位とはいえません。日本では「気象庁マグニチュード」を用いています。

知っているとインテリ感が増す単位 Part.5

どんな由来？　どうしてできた？

　マグニチュード（magnitude）は、英語で大きさを意味します。ただし、1930年代にアメリカの地震学者リヒターが考案したため、「リヒタースケール」と呼ばれることもあります。リヒターらは放射される表面波や実体波の振幅により、それぞれのマグニチュードを考案し、その基礎を作りました。

　震源の深さ、震央までの距離、最大振幅から算出されますが、今では過去のデータの蓄積からマグニチュードを求めている国が多いようです。

さらに深く知る単位の話

地震の規模とマグニチュード

　マグニチュードが0.2上がっただけで地震の規模は2倍になります。2上がると1000倍です。M7のエネルギーは、10トン積みトラック64万台を富士山頂まで持ち上げてしまいます。

　1923年の関東大震災はM7.9、1960年のチリ地震はM9.5、1995年の阪神・淡路大震災はM7.2、2004年のスマトラ島沖地震はM9.0、2011年の東日本大震災はM9.0でした。ちなみに日本では、M8の地震は10年に1度、M9は数百年に1度の割合で起こるといわれます。

地震の単位
震度

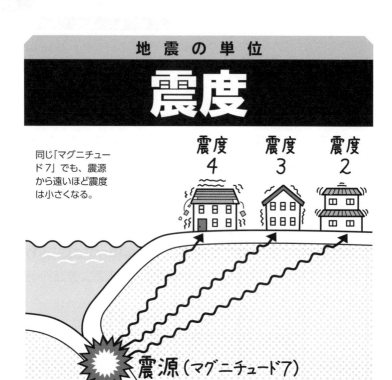

同じ「マグニチュード7」でも、震源から遠いほど震度は小さくなる。

どこで使われている？

　世界の中でも日本は地震の多い国です。過去に何度も大きな地震に襲われてきました。その経験が日常生活にも、またテレビやラジオなどのメディアにも生かされています。テレビを見ていて突然に揺れを感じると、すぐに地震速報が流れるのもその表れでしょう。各地の震度はどうか、津波の心配があるかどうかなどが即座に知らされます。

どんな由来？ どうしてできた？

　震度は各地の揺れの大きさを階級で表したものです。明治時代から1996年まで、人間が感覚で「これは震度いくつ」と決めていました。そのころは震度ゼロから震度7までの7段階です。

　1996年に制度の改変があり、全国に設置された震度計で震度を計るようになります。また、それまで震度1を微震、震度6を烈震などと呼んでいたのを取りやめ、新たに震度5と6を「強」と「弱」の2段階ずつに細分化し、全体で10階級に分類しました。

さらに深く知る単位の話

震度計と揺れの体感にズレも起こる

　震度計は揺れを感じると針が振れて、揺れの大きさを記録するようになっています。その針の振れ幅で震度が決定するわけです。そのような装置なので、震度4に「すわりの悪い置物が倒れることがある」とあっても、必ずしも当てはまらない場合もあります。

　また、震度7を告知するには家屋倒壊が30パーセント以上発生しているという条件がつきます。その調査が行われるため、震度発表までには少し時間がかかるのです。

周期的に襲う地震の恐怖

震度とマグニチュードの差

　2011年の東日本大震災は大きな被害をもたらしました。この地震の最大震度は7。2016年の熊本地震、1995年の兵庫県南部地震のいずれも最大震度は7でした。ただ、地震のエネルギーを表すマグニチュードは東北地方太平洋沖がM9.0だったのに対して、熊本と兵庫県南部はM7.3です。加えて津波の有無も被害に影響しました。

地震のパターン

　地震は、地表を覆う固い岩盤であるプレートのつなぎ目がずれ、ひび割れて断層を作ってしまったり、あるいは引きずり込まれたプレートがバネのように跳ね上がって大きな揺れを生じさせたりすると引き起こされます。プレートが跳ね上がるタイプは海溝型の地震で、海の底の方で起こるだけに、津波の危険性があります。

震度のいろいろ

震度0　揺れは感じない。
震度1　部屋の中の人の何人かがわずかな揺れを感じる。
震度2　部屋の中の多くの人が揺れを感じる。
震度3　部屋の中の誰もが揺れを感じる。

震度4
電灯が大きく揺れ、多くの人が驚く。眠っている人のほとんどが目を覚ます。

震度5弱　棚にある家具や本が落ちてきたりする。
震度5強　ものにつかまらないと歩けないほどの揺れを感じる。

震度6弱
立っていられなくなる。耐震性の低い木造家屋が傾いたり、ドアが開かなくなったりする。

震度6強　這って歩かなくてはならない。

震度7
耐震性の低い木造家屋や鉄筋コンクリートの建物の中には倒れるものも出てくる。

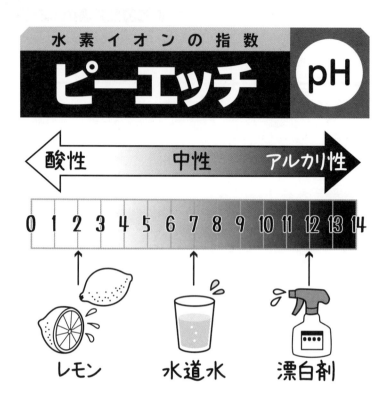

どこで使われている？

調べる対象物が酸性かアルカリ性か判断するための指数です。食品、飲料品、あるいは酸性雨や農地の土壌など、あらゆるところで使用されています。酸性雨というのは、単に酸性の雨というだけでなく（地球上の雨はすべて酸性です）、指数としてのpHが5.5より低い、かなり酸性の強い雨を指します。

知っているとインテリ感が増す単位 Part.5

 どんな由来？ どうしてできた？

pHは「Hydrogen（水素）」のイオン濃度を指数にしたものです。以前は「ペーハー」ともいいましたが、今は「ピーエッチ」が一般的です。

1909年、デンマークの化学者セーレンセンが提案した考え方で、温度が一定の水溶液中では、水素イオンと水酸化物イオンの濃度の積は一定になります。つまり水素イオンが多ければ酸性に、水酸化物イオンが多いとアルカリ性になるのです。そこで水素イオンの濃度を指数にしたわけです。

さらに深く知る単位の話
数値が小さければ酸性

ピーエッチの値から酸性・アルカリ性を判断するにはどうしたらいいでしょうか。中性とは水素イオンと水酸化物イオンの濃度とが等しい状態です。これがピーエッチ7（ゼロから14の範囲で数値は表されます）。7よりも値が小さくなるということは水素イオンの濃度が高くなっているので酸性。逆に数値が大きくなるのは、水素イオンの濃度が低い、つまり水酸化物イオン濃度が高いのでアルカリ性です。

phの雑学

酸性かアルカリ性か。その違いはどう見える?

アジサイの花は土壌によって色が変わる

梅雨どきに目につくアジサイの花。青色や赤色などがあります。これは花の植わっている地面のピーエッチに影響され、酸性の土壌では青色、アルカリ性だと赤色になるのです。酸性の土だとアルミニウムイオンが溶けやすく、それをアジサイが吸い取って花が青くなり、アルミニウムイオンの溶けにくいアルカリ性だと赤くなります。

リトマス試験紙

理科の実験でリトマス試験紙を使ったことがあるでしょう。青いリトマス試験紙が赤くなれば酸性、赤いリトマス試験紙が青くなればアルカリ性です。「リトマス」というのは地中海や南アフリカなどに棲息するリトマスゴケのことで、このコケから採取した色素は酸性で赤く、アルカリ性で青くなる性質があるのです。

phのいろいろ

1.8-2.0 ph

胃液
　かなり強い酸性です。胃酸とは主に塩酸ですから、多く分泌されると胃壁を傷めます。

5.8-8.6 ph

水道水
　中性を保つように調整されます。飲料でも日本茶などは 4.5 〜 6.0 と酸性に傾いています。

8.0-8.5 ph

海水
　人間の血液は 7.4 と弱アルカリ性。海水は血液のピーエッチに近い数値を示しています。

角度の単位
度

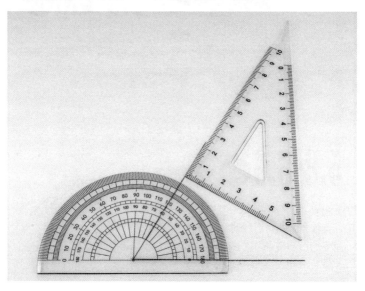

 どこで使われている？

　小学校の算数で分度器を使ったことがあっても、その後なかなか、手にしたことはないでしょう。だからといって、角度と無縁で生活しているわけではありません。部屋にテレビを置くときには、見える角度を気にしますし、ケーキを切り分けるときも人数で等分にすることを考えます。分度器は使わないまでも頭の中に角度が描かれているのです。

知っているとインテリ感が増す単位

 どんな由来？　どうしてできた？

　角度を数字で表すことは、すでに紀元前12世紀の古代バビロニアで行われていました。現在と同じく円周を360度として直角を90度としています。

　天を周回する太陽の動き、1年の日数（約360日）、それに約数の多い60進法という要素から360度が生まれたといわれています。角度を360に分けることが（さらに60分の1に分けることもできます）、とても使いやすい方法だったため、10進法が中心になってもまだ角度は60進法なのです。

さらに深く知る単位の話

ほかにも角度を表す単位が

　角「度」なので、単位は「度」しかないと思ってしまいがちですが、ほかにも角度を表す単位があります。たとえば「ラジアン（rad）」。ラジアンとはラテン語で「半径」のことで、半径と同じ長さの円弧の、中心までの角度を1ラジアンとしています。ほかにも直角の100分の1を1単位とした「グラード（※）」、日本では底辺が1尺の三角形で、高さが1寸だと「1寸の勾配」と表現しました。主に大工仕事で使われていました。
（※）「gのr乗」という表記（gr）。

温度の単位
ケルビン K

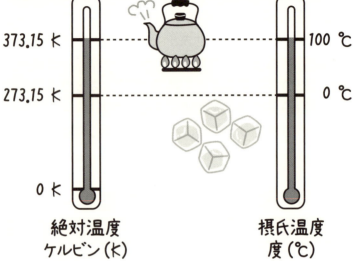

絶対温度であるケルビンは、摂氏と違い、圧力や不純物の影響を受けない。

🌐 どこで使われている？

あらゆるモノは原子や分子で作られていて、原子や分子が動くと熱が生まれます。熱運動が止まるもっとも低い温度を基準にした温度の単位がケルビンです。0ケルビンをセ氏で表すとマイナス273.15度。これを「絶対零度」と呼びます。超伝導磁石など熱力学が用いられるリニアカーや宇宙開発ではこの単位がしばしば使われます。

知っているとインテリ感が増す単位 Part.5

 どんな由来？　どうしてできた？

　ケルビンという単位は、絶対温度の考え方を導入したイギリスの物理学者ケルビンにちなんでいます。水の融点と沸点を基準にしたセ氏は科学的かつ合理的だと思われますが、実は圧力や不純物の影響を受けるのです。そこで、これらの影響を受けない目盛りとして絶対温度が考案されました。

　日常の世界では絶対に起こるはずはありませんが、絶対温度の定義上では、氷・水・水蒸気の3つが共存し、氷を浮かべた氷水が沸騰します。

さらに深く知る単位の話

絶対温度と最先端技術

　温度には上限はありませんが、下限の絶対零度は存在します。物体の熱運動が静止する0Kに近い温度を作り出す液体ヘリウム（沸点が4.22 K）を使って水銀の電気伝導率を測定したところ、ヘリウムの沸点になると、電気伝導度が無限大、つまり電気抵抗が0になりました。これが超伝導の状態で、発熱なしにコイルに大電流を流し、超電導磁石を作ることができました。これはリニアモーターカーの浮上などにも利用されています。

放射線量の単位
シーベルト Sv

🌐 どこで使われている？

　原子力発電所の事故のニュースで耳にするのが放射線を浴びた量を表す単位のシーベルトです。放射線は怖いイメージがありますが、太陽光や大地、食物などにも微量な放射線が含まれています。エックス線やＣＴスキャンの撮影、がん治療で放射線を浴びることもあります。日本人が年間に浴びる自然放射線は 2.1 ミリシーベルトほどです。

Part.5 知っているとインテリ感が増す単位

 どんな由来？　どうしてできた？

　外からの刺激を受けることなく原子核が自発的に放射線を放出する性質を放射能といいます。放射能は19世紀末に発見され、放射線を測るための単位も生まれました。単位名シーベルトは放射線が人体に与える影響を研究していたスウェーデンの物理学者に由来します。

　1979年、それまで使用されていた「レム」が廃止され、シーベルトが国際単位になりました。ただし、放射能、照射線量、吸収線量を表す場合はそれぞれ別の単位が使われます。

さらに深く知る単位の話
人体に影響するシーベルトは？

　胃のエックス線撮影1回分で受ける放射線量は0.5ミリシーベルト、胸部のCTスキャン1回分は2.4～12.9ミリシーベルト。つまり、ミリのつかないシーベルトという単位はとても大きいのです。一度に2シーベルトの放射線を浴びると5％の人が死に、4シーベルトは50％、7シーベルトだと99％が死亡します。ですから、放射線量が少なくても安心はできません。原子力発電所で働く人は年間50ミリシーベルトを超える量を浴びてはいけないことになっています。

放射能に関する単位
ベクレル Bq

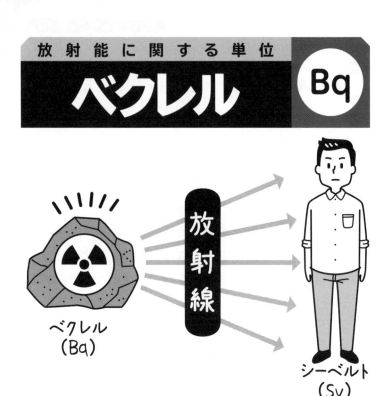

ベクレルは放射能の単位。シーベルトは人が受ける放射線被ばく線量の単位

どこで使われている？

原子力発電所の事故によって、放射能に関する知識はより身近になってきました。ただ、誤った情報により、農業などが風評被害に遭ったりもします。ベクレルという単位も耳にしたことはあるものの、いったい放射能の何を指すのか、あまり知られていません。ただ、日常的に放射線を扱う人たちや原子力発電所内では常に計測されています。

どんな由来？　どうしてできた？

　ベクレルは放射能の発見者、フランスの物理学者ベクレルから取られています。よく聞く単位であるシーベルトが人体への放射線の影響を数値化したものに対して、ベクレルは放射性物質がどれだけ放射線を出すのか数値化したものです。放射能とはその物質の原子核が壊れて放射されるので、1秒間に何個の原子核が壊れるかを測れば放射能の強さが判明するわけです。

　単位としては、キログラム当たりやリットル当たりで表されます。

さらに深く知る単位の話

キュリー夫人にちなんだ単位も

　物理学者ベクレルとキュリー夫婦とは同時代人です（ともに1903年にノーベル賞を受賞）。もちろん、キュリー夫婦にちなんだ単位「キュリー (Ci)」もあります。こちらはラジウム1gが出す放射線量を1キュリーとしています。

　しかし、ラジウム以外の放射性物質も多く発見されたため、1キュリーは「1秒間に370億個の原子核が壊れる放射能の強さ」へと変わり、さらに「1秒間に壊れる原子核数」であるベクレルが一般的な単位になったのです。

情報の単位
バイト　B

🌐 どこで使われている？

コンピュータやスマートフォンを使っていると、必ず出会うのが「バイト」という単位。ほかにも CD、DVD、ブルーレイなどでもバイトは使われています。すべて情報機器に使われていることからわかるように、バイトは情報量を示します。数値が大きいほど情報量も大きくなります。

Part. 5 知っているとインテリ感が増す単位

どんな由来？ どうしてできた？

バイトや、それに先駆けて生まれた「ビット（次項参照）」は、コンピュータが開発段階であった1940年代から50年代に誕生しました。バイトは、英文字などを表記できる8ビットを1くくりと考え、これを1バイトとする単位です。

1958年、IBMのブッフホルツが「ひと噛みする（＝bite）」という意味から生み出しました。この「ひと噛み」、バイトという枠が作られたことで一気に情報量は大きくなりました。

さらに深く知る単位の話

漢字への対応は英文字の後で

アルファベットを使う英文字なら1バイトで表せますが、漢字と平仮名はこれでは足りません。1バイトで256通りの情報量ですから、2バイトならその2乗の65536通り。漢字や平仮名にもある程度は対応できます（それでも表記できない文字はありますが）。ワープロ専用機などで英文が先に作られたのは当然のことだったといえます。さらに情報量が増えると、次には画像や動画なども記憶させ、表現できるようになりました。

10進法と似ている点、異なる点

キロバイト、ギガバイト、そしてテラバイトへ

　今ではハードディスクも「メガ (M) バイト」から「ギガ (G) バイト」、そして「テラ (T) バイト」へと膨らんできました。かつて「キロ (k) バイト」で苦労していた時代がウソのようです。キロというのは10進法では10の3乗ですから1000、メガは10の6乗で1000000（100万）になりますが、2進法はちょっと異なります。

テラになると10進法の1割増

　ビットやバイトはキロがつくと1000倍とはなりません。2の10乗倍でキロへ、さらに2の10乗倍でメガへと増えます。2の10乗倍は1024なので1キロバイトは1024バイト。1メガバイトはさらに1024倍で104万8576バイトと10進法に近い数字です。ただ、1テラは10進法だと「1兆」ですが、2進法は「約1兆1000億」と1割ほど増えます。

情報の大きさいろいろ

フロッピーディスク（3.5インチ）
かつてワープロで使われていた外付け記憶装置です。画像などは入れられない容量。

スマートフォン
スマホの内蔵記憶容量もアップしてきています。もはや電話機ではなく小型パソコンでしょう。

パソコンのハードディスク
内蔵も巨大化していますが、最近はＵＳＢメモリもＴＢクラスのものが出てきています。

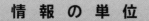
ビット

どこで使われている？

　コンピュータなどの情報機器に関する情報で必ず聞くのが「ビット」という単位です。

　スマートフォンなどの送受信の速度を表す「bps」とは1秒間に伝送できるビット数 (bit per second) を表したもの。普通は「メガ (M)」がつく量です。

知っているとインテリ感が増す単位 Part.5

どんな由来？　どうしてできた？

　コンピュータそのものが開発されている段階で、すでに情報量を表す単位としてビットの発想は出されました。アメリカの数学者シャノンが1948年に提唱したもので「2進法の1ケタ（Binary Digit）」からつけられました。スイッチをオン、オフにするような2進法によって、あらゆる情報は表現できるという考えです。

　8個のスイッチがあれば（2進法の8ケタ）、256通りの情報を表すことができ、英文字や数字、記号の表記には十分です。

さらに深く知る単位の話
「ビット」に代えて「シャノン」を

　現在の情報科学に多大な貢献をしたシャノンですから、その名前を単位に用いようという動きがありました。実際に1996年、すでにシャノンの晩年といえる時期、国際標準化機構は「ビット」に代わって「シャノン」を単位とすることを決定し、各国に伝えました。日本も、この翌年に日本工業規格でそのことを認めました。ただ、すでにビットが広く根づいていたためか、現在もなお新単位のシャノンは広まらずにいます。

世界のマイナーな単位 ⑤

糸の太さ

S

番手

「番手」といっても海外でも使われる単位です。1ポンドの糸を巻くのに枠をいくつ使ったかが基準（イギリス式）。1つだと1番手、2つなら2番手。重さは一緒で枠が多いのですから番手が増えれば糸は細くなります。

D

デニール

これは長さと重さによって太さの基準を決めています。9000メートルの糸の重さが1グラムなら1D、2グラムなら2D。ですから、デニールの場合は番手と異なり、数値が増えると、糸は太くなっていきます。

tex

テクス

こちらは1000メートルの糸の重さが1グラムだと1texとなります。基準をきりのいい1000メートルに変えたもので、普通は10分の1であるdtex（デシテクス）を使います。まだ認知度が低いため、あまり使われていません。

bonus part.

確認クイズ

確認クイズ

Q1 次のものの数え方として正しいものを、3つの記号から選んで答えましょう。

(1) ドーベルマン
- Ⓐ 匹
- Ⓑ 頭
- Ⓒ 体

(2) 新幹線
- Ⓐ 機
- Ⓑ 両
- Ⓒ 台

(3) 片方の靴下
- Ⓐ 本
- Ⓑ 足
- Ⓒ 枚

Q2 米は状態によって数え方が変わります。それぞれ、正しい数え方を選びましょう。

(1) 収穫する前の稲穂
(2) 刈り取った稲
(3) 玄米や白米の粒

| Ⓐ 玉 | Ⓑ 粒 | Ⓒ つかみ |
| Ⓓ 株 | Ⓔ 本 | Ⓕ 把 |

(1) ☐　　(2) ☐　　(3) ☐

本書に登場する「数え方」「単位」をおさらいしてみましょう。
間違えた問題は、該当するパートに戻って、復習しましょう。

Q3 次の単位が同じ長さになるように、線で結びましょう。

1マイル（陸）・　　　　　　・3927メートル

尺・　　　　　　・約9兆4607億キロメートル

1光年・　　　　　　・約 1609 メートル

里・　　　　　　・約 30.3 センチメートル

Q4 次の□に入る単位を、式が成立するように選び、記号で答えましょう。

（1）1バレル= 42 □

（2）1ヤード=2□=約 50 □

（3）10m × 10m =1□

（4）10 □÷2v =5□

Ⓐキュービット　　**Ⓑ**アール　　**Ⓒ**アンペア　　**Ⓓ**センチ

Ⓔガロン　　**Ⓕ**ワット

（1）☐　（2）☐☐　（3）☐　（4）☐☐

253

クイズの答え

Q1 できなかったという人は、パート1を復習してみましょう。

(1) Ⓑ　(2) Ⓑ　(3) Ⓒ

Q2 できなかったという人は、パート1を復習してみましょう。

(1) Ⓔ　(2) Ⓕ　(3) Ⓑ

Q3 できなかったという人は、パート3を復習してみましょう。

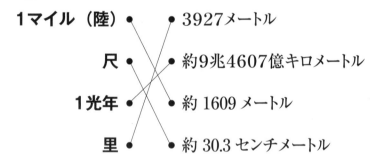

Q4 できなかったという人は、パート3・4を復習してみましょう。

(1) Ⓔ　(2) Ⓐ,Ⓓ　(3) Ⓑ　(4) Ⓕ,Ⓒ

主要参考文献

『数え方の辞典』飯田朝子著　町田健監修（小学館）

『モノの数え方えほん』町田健監修（日本図書センター）

『数え方のえほん』高野紀子（あすなろ書房）

『日本人の数え方がわかる小事典』飯倉晴武（PHP 研究所）

『単位のひみつモノの数え方』桜井進監修（日東書院）

『雑学科学読本　身のまわりの単位』星田直彦（KADOKAWA）

『単位１７１の新知識』星田直彦（講談社）

『単位の成り立ち』西條敏美（恒星社厚生閣）

『「物理・科学」の単位・記号がまとめてわかる事典』齋藤勝裕（ベレ出版）

『単位の事典』（ニュートンプレス）

『数字でわかる！からだのびっくり図鑑』藤本幸弘監修（実務教育出版）

『算数なるほど大図鑑』桜井進監修（ナツメ社）

『天才たちのつくった単位の世界』高橋典嗣監修（スコラマガジン）

2-3 ページの答え

ライオン　頭　　コアラ　匹　　カメレオン　匹
ダチョウ　羽または頭　　カンガルー　頭　　フラミンゴ　羽
ゾウ　頭　　ヘビ　匹　　キリン　頭

国会議事堂　基　　分譲マンション　戸または室
コンビニ　軒または棟　　学校　校　　ブランコ　台または基
野球場　面　　タワー　基または本

■スタッフ
　編集・構成／造事務所
　ブックデザイン／吉永昌生
　文／マルヤマミエコ、山村基毅
　イラスト／岡澤香寿美、イラストAC
　写真／写真AC
　図・DTP／越海辰夫
　協力／前田浩弥

大人の教養

数え方と単位の豆知識

発行日　2019年10月25日　初版第1刷発行

編　　著　　株式会社造事務所
発 行 人　　磯田肇
発 行 所　　株式会社メディアパル
　　　　　　〒162-8710
　　　　　　東京都新宿区東五軒町6-24
　　　　　　TEL. 03-5261-1171　FAX. 03-3235-4645

印刷・製本　　株式会社堀内印刷所

ISBN978-4-8021-1040-2　C0076
©ZOU JIMUSHO 2019, Printed in Japan

◉定価はカバーに表示してあります。造本には十分注意しておりますが、万が一、落丁・乱丁などの不備がござ
　いましたら、お手数ですが、メディアパルまでお送りください。送料は弊社負担でお取替えいたします。
◉本書の無断複写（コピー）は、著作権法上での例外を除き禁じられております。また代行業者に依頼してスキャ
　ンやデジタル化を行なうことは、たとえ個人や家庭内での利用を目的とする場合でも、著作権法違反です。